●ニューウェーブ　子ども家庭福祉――

スクールソーシャルワークの可能性

学校と福祉の協働・大阪からの発信

山野則子
峯本耕治――編著

ミネルヴァ書房

はじめに

スクールソーシャルワークといえば、すでにさまざまな角度と視点から、諸先輩方の研究者や実践家によって、理論と実践が展開されてきました。この本をまとめるきっかけになった大阪の活動、筆者たちの活動はそれに比べて始まったばかりです。しかし、個人の活動でなく、大阪府という組織のもと、しっかりと「スクールソーシャルワーク」として、組織的に始まりました。

筆者らは、福祉と教育の協働の実態への問題意識から、勤めていた行政において一九九二年に実態調査を行い、一九九四年福祉と教育の協働を意図して市の包括的な児童相談体制づくりを目指す「子どもの相談システムを考える会（代表：山野則子・間宮武：メンバーは小中高校の教員、福祉事務所、児童相談所、保健所の福祉職員など）」を有志で立ち上げました。学校に福祉の視点の導入による協働を投げかけ、学校を中心にした市の相談体制を作ろうと調査や実践活動を行ってきました。子どもの最善の利益を考えたとき、すべての子どもたちが学校に通うのであり、組織として閉鎖的な学校との協働システムづくりは必須と考えたからでした。

内容は、まず孤立状況に置かれている教員に「ひとりでかかえこまないで」というキャッチで、学校現場での具体的課題をテーマにしたシンポジウムを実施し、ケース会議のシミュレーションを行い、各機関の役割認識を深めることと協働の具体化を図ってきました。

この取り組みは、『子どもを支える相談ネットワーク』（ミネルヴァ書房）にまとめさせていただきました。

その後、広く大阪において同じような思いを持つ専門職が「TPC教育サポートセンター（T＝Teachers, P＝Parents, C＝Children のこと；以下「TPC」とする）（代表：峯本耕治：メンバーは弁護士、小中高校の教員、スクールカウンセラー、臨床心理士、社会福祉士、児童福祉関係者、大学教員など）」を一九九九年に立ち上げて活動をし始めました。もちろん、個人的な関わりですが、ここには、大阪府教育委員会（以下「府教委」とする）、大阪市教育委員会ほか他府県市町村の教育委員会（以下「市教委」とする）などの教育行政関係者も参加しました。この関係から、府教委サポートチームにTPCのメンバーが入り、コンサルタントやケース会議の実践を行ってきました。この取り組みの有効性などから、府教委が、スクールソーシャルワークの導入を考え始め、事業構想段階からTPCのメンバーがともに検討し、そのままスーパーバイザーとなっていった経緯があります。

以上、大阪の動きは、一連の流れからスクールソーシャルワークありきではなく、子ども・家庭に関わる現場においてよりよい対応を模索するなかで、学校と福祉の協働、学校への福祉的視点の導入の実践が生まれていったのです。

はじめに

今、児童虐待、いじめ、不登校、少年非行などさまざまな問題が絶えないこの時代に、求められているのは何なのでしょう。スクールソーシャルワーカーにしかできない活動とは何でしょう。学校で、すでに認知され活躍しているスクールカウンセラーとどこが違うのでしょう。社会福祉の固有性とは何でしょう。

大阪府にスクールソーシャルワーク事業が始まってこの二年間、大阪府のスクールソーシャルワーク事業スーパーバイザーとして、実際に現場のスクールソーシャルワーカーとしても関わってきて、絶えず自問自答、仲間や教育委員会と議論してきました。いえ、教育委員会と一番よく話し合ってきたかもしれません。それは、スクールソーシャルワークが定着して子どもや家族にとって、有効に機能することを最大に求めたからです。

一人の素晴らしいワーカーがいるだけでも、一人の素晴らしい指導主事や先生がいるだけでも、一つの学校が素晴らしいだけでも子どもたちをめぐる状況は究極には改善されません。制度として、発展しません。さまざまな形で広め、その活動の検証を行いながら、しっかりと定着させていくことが私たちの役割だと思います。

この二年にたくさんのことが起きました。府内の複数の市でスクールソーシャルワーカーを市単独で置くことをモデル的に始めたところ、スクールソーシャルワーカーに近い形で置いたところ、スクールソーシャルワーカーからさらに発展した形となったところが生まれました。さらに全国各地からの問い合わせ、議会や国会での話題、マスコミに取り上げられたこともありました。しかし、反面、啓発をしながら、しっかりと自分たちの足元を見て確実に構築していかなければ、すぐに吹き飛ばされそうな状況です。それは、決して、現場は甘くないからです。

今回は、そのようななかで、まだまだ作っている途上であり、決してきれいになっていないことを承知の上で、大阪府以外にも広げながら、さまざまなスクールソーシャルワーク活動に関わっているワーカーの活動を中心にまとめてみました。

第Ⅰ部では、スクールソーシャルワークとは何か、その役割や課題を明らかにし、歴史的経緯や各地の主だった動きをまとめてみました。その上で、今回始まった大阪府の事業、その他市町村の取り組みを紹介しています。第Ⅱ部では、実際にスクールソーシャルワークの活動を事例から紹介し、第Ⅲ部では、スクールソーシャルワーク活動のメゾ・マクロ実践として、校内システムや連携システムをどのように作っていくかを探っています。また、第Ⅳ部では、福祉機関から学校との関係における活動の紹介や課題を記し、スクールソーシャルワークについて考える材料にしています。最後に諸外国の例を記述しています。学校、ワーカー、ワーカー希望者、教育委員会などさまざまな立場の方が、入りやすいところから読み進めていただけたらと思います。

まとめるには、まだ早い、初期段階ですが、ぜひ、スクールソーシャルワークの活動を知っていただき、ご批判・ご意見をいただきたいと思います。ここに至るまでには、ミネルヴァ書房の寺内一郎さんにこなれていない文章を何度もお読みいただき随分お世話になりました。心より感謝いたします。

実際の事例については、守秘義務があり、特定されないような変更を加えていることをお断りいたします。

大阪府スクールソーシャルワーク事業スーパーバイザー
山野則子（大阪府立大学・社会福祉士）
峯本耕治（長野総合法律事務所・弁護士）

もくじ

第Ⅱ部 スクールソーシャルワーカー学校に入る

第Ⅲ部　校内のシステムづくり、連携システムづくり

第Ⅳ部　福祉機関を知る

第V部　海外のスクールソーシャルワーク

第Ⅰ部　スクールソーシャルワークの可能性

スクールソーシャルワークとは何か、その役割や課題を明らかにし、歴史的経緯や各地の動きをまとめてみました。その上で、新しく始まった大阪府の事業、その他市町村の取り組みを紹介しています。さらに、スクールソーシャルワークを個別な取り組みに終わらせず市内の相談体制のなかに位置づけていくにはどのようにしていけばいいのかを探っていきます。

第1章　子ども家庭相談体制におけるスクールソーシャルワーク

スクールソーシャルワークの議論は、学校をベースに子どもたちへのアプローチの仕方として教育的アプローチ、心理的アプローチとの比較検討が中心になされてきました。また、さまざまな立場の方がスクールソーシャルワークを語り、苦労の足跡である実践事例もまとめられてきました。ここでは、スクールソーシャルワークを子ども相談体制のなかに位置づけて検討していきたいと思います。

まず、スクールソーシャルワーク（以下、「ＳＳＷ」とする）とは何かをおさえ、今までの厚生労働省（福祉）から学校への働きかけ、そして、文部科学省（教育・学校）から福祉への働きかけと両面からみていき、どのような実態であったかを確認した上で、どのようなＳＳＷ構築を目指すのか、そのための課題は何なのかについて論じていきたいと思います。

1　スクールソーシャルワークとは

ソーシャルワークとは，「個人とその人を取り巻く環境との間の相互作用を構成する社会関係に焦点をあてた活動によって，単独または集団内の個人の社会機能を強化しようとするもの」（W. Boehm）の定義が代表的とされています。ソーシャルワークの専門性は，価値，知識，技術といわれています。価値とは，根本的に個人の価値や時代の流れにも影響される社会の価値に左右されない「人間尊重の理念」であるソーシャルワークの価値を指します。ＳＳＷに関連して例示すると，児童虐待問題に遭遇したときに，個人の価値や社会の価値に基づくと虐待行為の悲惨さ，非情さから親への批判，子どもへの同情に傾きがちです。あるいは非行少年に出会うと指導に力が入ります。しかし，ソーシャルワークの価値に基づくと虐待者である親や非行少年の生活そのものや周囲の状況，成り立ちのプロセスに眼を向け，親の立場や非行少年の代弁も含めて援助活動をしていくことになります。知識とは，さまざまな福祉制度やサービスの知識や児童福祉の知識が必要になります。福祉のみではなく，子どもの発達，さまざまな問題行動そのものの知識，精神医学的知識や学校組織の知識も当然必要になります。同じ社会福祉でも各専門領域によって必要な知識は変わってきます。技術というのは，社会福祉援助技術であり，ミクロ，メゾ，マクロ領域それぞれにある援助理論に基づいた方法論のことです。例えば、アセスメント（見立て）とプランニング（手立て）、モニタリング（見直し）が、福祉では必須のケース展開に必要な手法です。

ＳＳＷが、こういった福祉の基本に基づいて、不登校、非行、児童虐待、発達問題さまざまな子ども・家族の困難に対応することはいうまでもありません。さらに困難を複数併せ持つ場合も少なくありません。もちろん、一つ一つの事象は専門領域が分かれるかもしれませんが、当事者家族は生活している主体として一人の人間です。生活という視点で統合的に見る必要があります。つまり、ベースに存在するのは生活の視点です。ここでいう生活とは、岡村[1]の説明する「個人が社会生活上の基本的要求を社会制度を利用することによって充足する過程」であり、「個人と社会制度との間の社会関係によってはじめて成立するもの」です。個別の子どもや親の心理事象や特定の問題のみを扱うわけではありません。また、教育的な意味の生活を扱うことでもありません。

つまり、子どもの問題を病理の視点でなく、また生活上の問題行動という視点ではなく、人と環境つまり社会との関係（岡村の言う社会関係）において問題をとらえていきます。

ＳＳＷとは、学校配置であろうと教育委員会配置で学校へ出向き型であろうと学校という現場で実践を展開していくものです。この原理に基づくと、スクールソーシャルワーカー（以下「ＳＳＷｒ」とする）が働きかける先は、子ども・家族だけではなく、学校や他の専門職にも及びます。ＳＳＷは環境に応答性を高めるように働きかけます。環境とは、学校も当然含まれ、家族、親戚、友人関

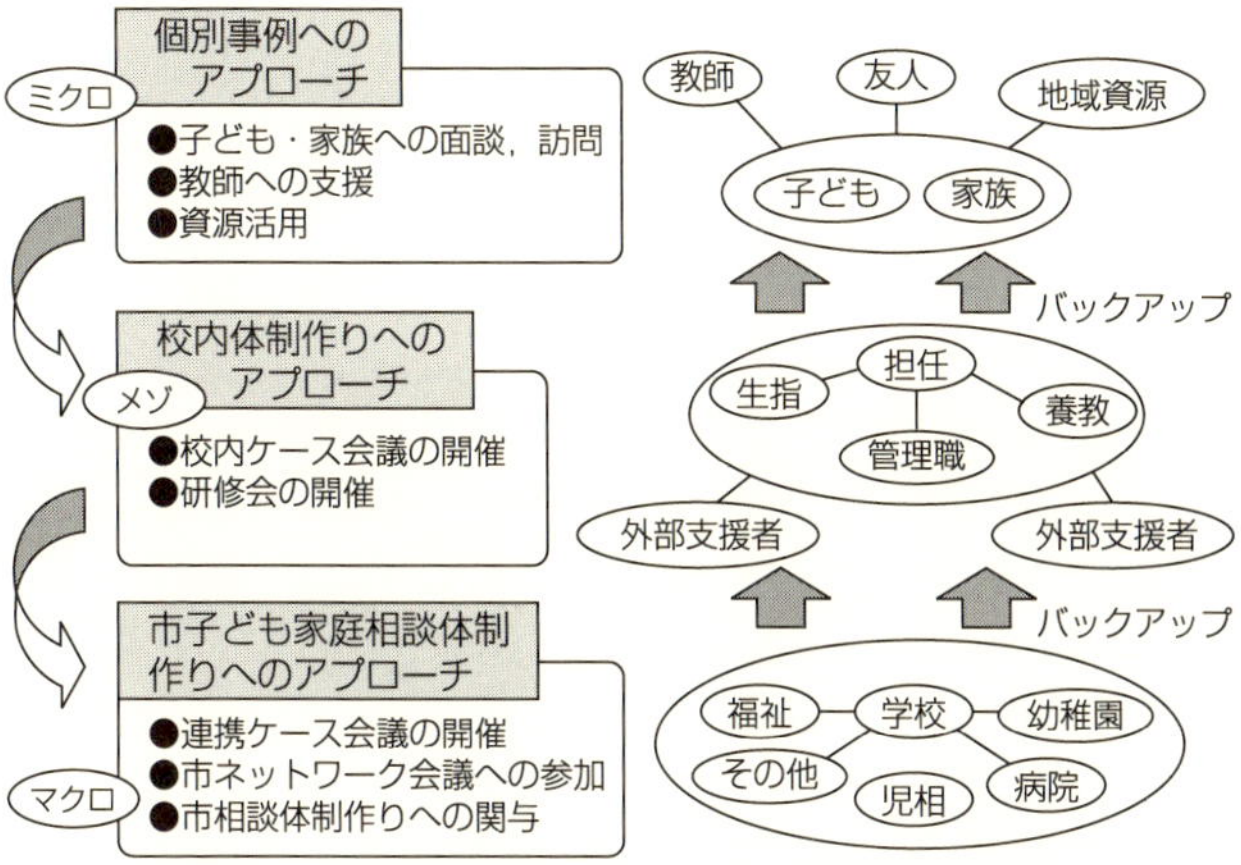

図１　３つのレベルにおけるマネージメントと相互作用

出所：山野則子（2006）「子ども家庭相談体制におけるスクールソーシャルワーク構築」『ソーシャルワーク研究』32（2），相川書房，p. 28。

係、近隣関係、経済状況、幼稚園時代など過去の経緯、など子どもに関わるすべてを指します。そして、ＳＳＷｒの働きかけとして、個別に困っていることへの取り組みというミクロレベル（個別問題の改善）校内システム構築というメゾレベル（教員集団として問題把握の仕方や共有方法の改善とシステム化）学校を含めた市町村の教育行政におけるシステム構築や市町村の教育・福祉協働システム作りなど政策提言に関わるマクロレベル（各市町村における相談体制化）の三つのレベルがあります。この三つのミクロ・メゾ・マクロレベルすべてが、ＳＳＷに必要な視点です。ミクロの個別の事例のみに役立つのでなく、多くの子どもたちの最善の利益につながらなければなりません。また、マクロな政策が個々の子どもの生活改善、最善の利益に機能していかなければなりません（図

1)。つまり、ＳＳＷｒは、福祉の専門家として、単に経験だけでなく、背景にエコロジカルソーシャルワーク理論、ジェネリックソーシャルワーク理論、社会システム理論など理論的基盤を持っていることも求められます。

2　福祉の動きと学校

児童福祉は、子どもを固有の存在として認めていなかった歴史の流れのなかで、一九二四年ジュネーヴ宣言・一九五九年児童の権利に関する宣言や一九四七年児童福祉法策定によって徐々に子どもを保護すべき存在として認めてきました。長い歴史とさまざまな経緯があり、当時の児童福祉法制定は意義深かったのです。しかし、その後、時代が変わったにもかかわらず、法律の大きな見直しは一九九七年までまたねばなりませんでした。措置制度が児童福祉の中心をなし、教育や他分野における福祉的視点による検討や福祉的視点の導入が十分なされてきたとは言いがたい状況でした。近年、急速な少子化の進行、児童虐待問題の深刻化、少年事件に関する問題など児童福祉領域の問題が非常にクローズアップされ、次世代育成支援推進法（二〇〇三）、児童虐待の防止等に関する法律の改正（二〇〇四）、児童福祉法の改正（二〇〇三、二〇〇四）と法の制定や改正によってさまざまな仕組みづくりがなされようとしています。ようやく、子どもの保護や措置だけでなく、少子化問題やさまざまな問題発生予防を含めて，「すべての子育て家庭」にスポットを向け始めました。

児童福祉法改正の大きなポイントは，市町村相談体制づくりです。二〇〇三年の改正において，市町村に子育て支援事業の実施の努力義務が課せられ，その相談，調整を市町村が担うこととなりました。健全育成相談に関する市町村の責任が明確化されたものと考えられます。さらに，二〇〇四年の改正においては，児童相談に関し市町村が担う役割を法律上明確化したこと，要保護児童の状況の把握や情報交換を行うための要保護児童対策地域協議会を設置できることとし，支援内容を一元的に把握するよう市町村の責任を明確化しました。

子育て支援の主な対象と考えられている乳幼児が成長発達を遂げて小学校や中学校に入学していく過程を考えると，本来，市町村行政では総合的に検討し教育分野も含めて相談体制を策定する必要があるでしょう。しかし，前者の子育て支援事業は，乳幼児を中心に展開され，学校機能と切り離されて取り組まれています。

後者の要保護児童問題は，市町村で一元的にと言われていますが，学校と福祉との連携は，十分なされているとは言いがたい状況です。例えば，主に市福祉事務所に設置されている家庭児童相談室において学校からの紹介事例が，二〇〇四年でたった二・四％でした（表１参照）。

福祉施策に，学校がメンバーとしてかろうじて登場するのは，今回法律に明記された要保護児童対策地域協議会（以前の市町村児童虐待防止ネットワークを児童虐待のみに限定しない協議会とした）ですが、二〇〇六年六月時点で全体の三一・〇％は要保護児童対策地域協議会も市町村ネットワークも設置に至っておらず、設置されている市町村においても年に数回の会議のみの実施というのが多くの実態です。学校の参加がないところもあります。

以上、福祉サイドから検討すると過去の児童福祉の検討が施設保護中心に議論されてきた経緯もあり、積極的に学校を視野に入れた相談体制づくりになっていないことがわかります。山下は、(2)「福祉が措置制度に依拠してきたサービスであるがゆえに、サービス対象領域が限定されてきた」と指摘し「子どもたちに関わる問題は山積している。……（中略）……福祉の分野はほとんど対応していない」と批判しています。

3　教育・学校の動きと福祉

次に、教育サイドである文部科学省の児童生徒への対策について連携を焦点に確認します。少年等による凶悪事件の発生をきっかけに、二〇〇一年に、学校と関係機関との間で単なる情報の交換（情報連携）だけではなく、相互に連携して一体的な対応を行うこと（行動連携）が重要であることを強調した報告書がだされています。しかし、関係機関の主なところは警察関係でした。さらに、二〇〇二年に『問題行動に対する地域における行動連携推進事業—問題行動児童生徒の自立支援のためのシステムづくり—』、二〇〇三年『サポートチーム等地域支援システムづくり推進事業』も出されました。しかし、ここでいう関係機関も児童相談所、保護司、児童委員、精神科医、警察などとされ、市の児童福祉部門は入っていませんでした。

また、文部科学省（当時、文部省）は、『スクールカウンセラー活用事業』を一九九五年から導入し、「……従来の指導的側面のアプローチでなく、外部の心の専門家の協力を得て、学校における相談体制の充実を図る」(3)と相談体制づくりに触れていますが、福祉の活用を想定した相談体制づくりではありません。

二〇〇六年、文部科学省の調査研究会議の報告書において、ようやく、ＳＳＷについての記載がみられます。海外の取り組み例、日本における実態について紹介し、「スクールソーシャルワークはひとつの選択肢として、少なくとも論議されてしかるべき課題だといえよう。それがすべての問題を劇的に軽減するということはいえないが、新たな視点と方法を導入することによって、少なくとも既存の施策を活性化することに寄与しうるということはいえる。」と結んでいます。つまり、文部科学省が積極的導入を推進しているのではないが、各自治体が活用することに注目し始めています。

以上、教育サイドからの検討においても積極的に福祉を導入した相談体制づくりへは未だ向かっているとは言いがたい状況です。

　肝心の学校の実態は、スクールカウンセラー（以下「ＳＣ」とする）がほぼ中学校全校配置となり、他職種を受け入れる素地は出来つつあるものの、他職種との「協働」という経験は少ないといえます。筆者の今までの研究のなかで、校内の教員間でさえ気軽に子どものことを相談しにくい実態があり、その理由として教員が「自分の見立てに自信が持てない」ことや「その後の他機関の展開が見えない不安がある」ことを明らかにしています。孤立に追い込まれがちな特異な学校組織がうかがえます。[4]この実態からも市町村における福祉との連携を含めた包括的相談体制を策定していくことは、学校組織の特異性から考えると決して簡単なことではありません。

4　どのようなスクールソーシャルワーク構築を目指すのか

　確かに、今まで福祉は教育分野への介入はほとんどなく、教育分野への介入は、心理が中心という状況でした。福祉が、教育に入り込んで、あるいは協働して取り組むことがほとんどありませんでした。上記のような経過もあって、ＳＳＷとしての十分な実践現場を確保することができていない実態から、ＳＳＷが心理の延長線上であったり、大きくは教育の包括的な範囲であったり、あいまいなまま今日を迎えざるを得なかった現状があります。その結果、論点として、生活を基盤にした福祉の本来的ニーズに十分触れる議論やマクロアプローチとして政策への反映を意図する議論が十分でなかったと考えます。「生活」の意味に含まれた社会生活上の基本的要求は、当然経済的問題を含みます。現代の子育て層の実態は、ひとり親世帯、就学援助受給世帯の多さが顕著であり、[5]平均収入の低さがみられます。さらに、多くの親たちが孤立していることも明らかになっています。[6]これらは、本人や家族が自覚しているか否かは別として、明らかに問題の背景に経済的問題が潜んでいます。福祉ニーズのひとつとして、ミクロにもマクロにも着目し、本人家族のみでなく、学校の理解を深めていく学校組織への働きかけ、制度的不足や何が問題になっているのかの把握を市町村全体で行っていくために市町村にまでも働きかけを展開していくようなＳＳＷの機能が必要です。学校だけの資源として機能しているのではなく、絶えず市町村全体あるいは市町村の福祉と行き来できるような仕組みが必要です。

学校、教育現場の行き詰まり、今までのさまざまな実践家、教育行政担当者、研究者の努力もあり、現在ようやく、ＳＳＷの検討が国会でも話題になり、[7]先の報告書の記載のように本格的に注目し取り上げはじめています。今こそ、ＳＳＷの本質を見直し、福祉の理念に基づいてＳＳＷとしての専門性、固有性の追求が必要だと考えます。児童福祉は在宅支援、市町村中心へと大きく転換しようとし、子ども家庭相談体制づくりを行おうとしています。この体制にＳＳＷを位置づけてマクロレベルに働きかけ、議論しなければ、今までと同様に福祉と遊離したＳＳＷ展開となる、制度として継続しない、既存の心理や教育の専門領域の延長で終わってしまう、と危惧するところです。

5　スクールソーシャルワーク構築のための課題

では、子ども家庭相談体制に位置づけて、福祉と遊離しない形でＳＳＷを構築するためには、どのような課題があるでしょうか。

1　教育行政との協働の重要性

すでに述べてきたように、学校には特異性があり、教育行政、市町村行政はそれぞれ地域性があります。これらを理解した上で、どのようにＳＳＷを展開していくのか、システム化していくのかという視点が必要です。学校の問題を指摘するだけでは何も始まりません。ＳＳＷを形成するには、社会福祉の価値、理念を持ちながら、学校組織に共感と緊張を持ちあわせて介入し、教育行政と共にミクロ・メゾ・マクロ三つのレベルの協働をつくり上げていくことが必要でしょう。この協働が形成されないと共通課題にならず、どちらかに「お任せ」となり、ＳＳＷ構築は難しくなります。

2　福祉ニーズへの対応―児童相談所や福祉事務所・家庭児童相談室との違い

ＳＳＷは、今まで学校の中で行われてきた指導的アプローチや個人の心に焦点を当てた心理的アプローチとのミクロレベルの違いで論じられることが多い傾向があります。原点に立ち返って、初めに述べた社会福祉援助の原理に基づいて福祉ニーズ（特に表面化されていない）にどれだけＳＳＷが応えられるのか、考える必要があります。この視点では、今まであまり議論されなかった同じソーシャルワークの手法を用いる児童相談所や福祉事務所・家庭児童相談室との違いが問われるでしょう。措置権・決定権を何ら持っていないＳＳＷは何を担うのか、専門性をどこから供給するのかという課題も指摘されています。

二〇〇五年、大阪府で始まったＳＳＷ事業による配置校での学校・教員からＳＳＷｒへの相談は全校児童数の一〇％に及び、一九九一年、外部機関への学校・教員からの相談〇・九一％からみると一〇倍にも及んでいます(8)（表1）。これは、教員に風穴をあけ、学校を開き、福祉・教育の縦割りの弊害を除去していることであり、学校にＳＳＷｒが存在する意義と考えることができます。今後さらに明確化が必要でしょう。

3　相談体制としての課題

ＳＳＷを専門特化したものと考えすぎずに、児童相談体制全体のなかで議論していくべきである

表1　全児童数に対する相談率と福祉事務所・児童相談所における学校からの相談の全国統計

対象の地域	年　度	生徒総数	相談件数	相談率(%)	外部機関が学校から受ける相談(全国)%	
					福祉	児相
大阪府A市　小学校年齢(福祉・児相・教育Cの合計)	1991年(H 3)	54589	498	0.91	2.2%	2.8%
	1996年(H 8)	48094	852	1.78	6.2%	2.4%
大阪府SSW事業の配置小学校	2004年(H16)				2.4%	4.0%
	2005年(H17)	4474	396	9.32	未発表	未発表

出所：山野則子（2007）「日本におけるスクールソーシャルワーク構築の課題―実証的データから福祉の固有性探索」『学校ソーシャルワーク研究』創刊号，日本学校ソーシャルワーク学会，71。

と考えます。なぜなら、子どもの最善の利益のために本質として何が必要なのかという視点を失い、学校を舞台にカウンセリングかソーシャルワークかという議論になりかねないと感じるからです。

(1) マクロ視点の重要性

本来エコロジカルな視点とは、制度的マクロシステムから、より個人的ミクロやメゾシステムとの相互交流にも焦点をあてるものです。学校へのコンサルタントなどミクロ・メゾレベルは容易に可能であり、ここで終わることへの批判やより長く持続する変化のためのマクロシステムの重要性も指摘されています。

エコロジカルな理論を十分に用いた活動を行うには、SSWは臨床指向のSSWに留まらない意識、個別レベルに限定された実践法から質的な転換が必要で、各レベルのシステム間の相互作用を絶えず念頭におかなければなりません（図1参照）。ここにスクールカウンセラーとの違いが明確にあり、ＳＳＷのミクロレベルのアプローチのみをＳＣと比較するのは混乱をもたらすだけと考えます。

(2)　コミュニティディベロップメントの課題

近年、最初に指摘した少子化対策や児童福祉法改正、教育サイドの地域連携によって地域のさまざまなところで子育て支援として学校の場の開放、学校での地域連携による取り組みが行われ始めています。しかし、ソーシャルワークの地域へのアプローチという意味づけではなく、社会教育、生涯学習のなかで議論され、子どもの問題行動への対応や相談支援体制とは別のところで進められています。

本来、ソーシャルワークの領域として総合的にコミュニティワークの手法で取り組んでいくべき課題でもあります。コミュニティワークとは地域機関と連携することを指すのではなく、間接的援助であり、予防的アプローチや主体性育成のアプローチです。例えば、学校の空き教室をドロップインセンターとして開放し、乳幼児を連れた親が出入りするということが起きています。これを単に場所の提供や一度きりのイベントでなく、日常的に中高生と乳幼児が交流する場として、積極的に学校機能に生かすことをＳＳＷとしての虐待予防や次世代育成の課題として取り組むことです。そして、こういった取り組みをひとつの学校の実践にとどめずに、市町村全体で取り組むよう相談体制作りを進めることが、今後の課題です。

4　養成の問題

ＳＳＷには、社会福祉の基本的な知識、価値、技術の他に子どもの理解、学校という場の理解が必要です。確立された制度でないための困難さとたった一人で学校システムに入る困難さがあります。うまく溶け込みながら、違う視点を明らかに示し協働を実行しなければなりません。社会福祉士というジェネラルなソーシャルワークの資格のみでは不十分さが残ります。反面、学校での活動経験があり学校理解が進んでいるという理由から、さまざまな職種、経験のある人がＳＳＷｒとして学校に入ることも現場に混乱を招きます。ＳＳＷとしての確立と人材養成は大きな課題です。

以上、今後ともこれらの課題に取り組むとともに今後のＳＳＷ発展のためにも重要な実践家のアカウンタビリティ（説明責任）として、隣接諸科学と同様に実証に基づいたソーシャルワーク実践を積み重ね、明らかにしていくことを忘れてはならないと考えます。

注

（1）岡村重夫（一九八三）『社会福祉原論』全国社会福祉協議会。
（2）山下英三郎（二〇〇三）『スクールソーシャルワーク』学苑社。
（3）文部科学省（二〇〇五）「スクールカウンセラー活用事業補助」。
（4）山野則子ほか（二〇〇四）「児童虐待問題に関する地域の仕組みづくりへのアプローチ」『子どもの虐待とネグレクト』第六巻第一号、日本子どもの虐待防止学会、一一七—一二八。
（5）山野則子（二〇〇六）「子ども家庭相談体制におけるスクールソーシャルワーク構築」『ソーシャルワーク研究』32

(2)、相川書房、二五―三一。

(6) 原田正文・山野則子ほか（二〇〇四）「児童虐待発生要因の構造分析と地域における効果的予防方法の開発」平成一五年度厚生科学研究（子ども家庭総合研究事業）報告書、四八四―五二五。

(7) 文部科学省（二〇〇六）「第一六五回国会参議院教育基本法に関する特別委員会会議録第三号」。

(8) 山野則子（二〇〇七）「日本におけるスクールソーシャルワーク構築の課題―実証的データから福祉の固有性探索」『学校ソーシャルワーク研究』創刊号、日本学校ソーシャルワーク学会、六七―七八。

第2章　スクールソーシャルワークの役割

1　スクールソーシャルワークの多義性

SSWの活動を担い手との関係で考えると、次のように区分できるかと思います。
（1）ソーシャルワークを専門とする者が、ソーシャルワークと認識して行う活動。
（2）ソーシャルワークを専門とする者が、ソーシャルワークと認識しないで行う活動。
（3）ソーシャルワークを専門としない者が、ソーシャルワークと認識して行う活動。
（4）ソーシャルワークを専門としない者が、ソーシャルワークと認識しないで行う活動。
このうち、（1）の区分がSSWとして、一番わかりやすいものでしょう。（2）と（4）は、どちらも担い手は自分がソーシャルワークを行っていると認識していないものですから、わざわざソーシャルワークと呼ぶ必要はないのかもしれません。少なくとも（2）は、ソーシャルワークを専門とする者が、ソーシャルワークではないと考えているのですから、ソーシャルワークに区分する必要はないと考えるのが普通でしょう。しかし、実際の活動場面では、ことはそう単純ではなく、ソーシャルワークやカウンセリングなどの場合、援助の対象となる人や、共同作業をする人がいますから、その人がどう認識するかということには大きな影響を与える場合があります。いくらこちらが、ソーシャルワークではありませんと主張しても、相手はソーシャルワークをしてもらったとか、ソーシャルワーク関係にあったということは起こりえます。特に（２）の場合には、ソーシャルワーカーは常にソーシャルワークをしているわけではないのですが、相手がいわば勝手にソーシャルワークの関係にあったと誤解することがあり得ます。私のカウンセラーとしての経験ですが、ある日警察からあなたのクライエントが自殺未遂をしましたので、事情を聴きたいと電話がありました。まったく聞いた覚えの無いお名前の方だったのですが、ことは命に関わるので飛んでいきました。その方は、ＳＣとして出向いている学校の保護者で、以前ちょっとしたことで、お名前も聞かぬままにアドバイスをしたことがあるのですが、相手の方はそれがカウンセリングだと考えていて、カウンセリングを受けたことがあるかという問いに、私の名前を出したのです。援助の専門職は、自分の認識だけで関係を判断することでは不十分で、相手や周囲がどう受けとめているかも考えておく必要を感じています。

さて先の区分の（４）については、正真正銘の非ソーシャルワークかと思うのですが、教育現場では後づけ的に、ソーシャルワークが行われていたというような発言が聞かれることがあり、特に地域課題のある地区への支援などについて、再評価の形でＳＳＷが行われていたと表現される場合があります。実施した時点ではソーシャルワークとの認識がないのですが、教育現場の支援の展開と再評価という意味では興味深い面があります。

区分で一番悩ましいのは、（3）のソーシャルワークを専門としない者による、ソーシャルワーク活動です。このあたりの線引きが一番微妙で、しかも今後ＳＳＷが制度化されるとなると何かと問題になる部分だと思われます。ソーシャルワークを専門としない者がソーシャルワークと認識して活動する可能性があるのかという点では、これは事実相当に生じうることだと思われます。ソーシャルワークの定義そのものが曖昧な今日の状況では、学校現場に何らかの対人援助職を配置する際に、その事業をソーシャルワークと呼ぶことが増えるでしょうし、その際の雇用条件が福祉専門職以外の場合、たとえば臨床心理士であったり、退職した教員などとなる可能性は高いと思われます。事業を企画し、雇用条件を決定する教育委員会は、多くの場合ソーシャルワークとは何かを十分理解していなかったり、あるいはそのこと自体に関心がなかったりすることが普通でしょうから、雇用条件が結果的にソーシャルワークを専門とする者と、そうでない者とを混在させるということが起こりうるのです。そのような場合でも、その業務をソーシャルワークと呼ぶことをどう考えるかという問題です。実際に各地でＳＳＷｒとして活動を行っている人の中には、ソーシャルワークについての学習や経験を持っていない人もおられるようで、そのことを是認するなら（3）の区分はソーシャルワークに含めざるを得ないかと考えます。しかし、一方でソーシャルワークとはあくまでソーシャルワークの教育・訓練を受けた者が行う専門的活動であるという視点も重要であり、私は（1）の区分をソーシャルワーク活動、（3）の区分をソーシャルワーク的活動と区別して呼ぶようにしています。

2　スクールソーシャルワークの活動形態

ＳＳＷは学校現場で展開するソーシャルワークだと考えた場合、その学校の内側の人間か、それとも学校で扱う課題に関して外部から関与する、つまり外のスタッフとして活動するものを含むのかという立場の整理も必要です。この立場は、ソーシャルワークの活動においてはワーカーの活動根拠や権限、限界に深く関わりますから、カウンセラーなどの場合より、よほど重要な問題となります。具体的にイメージするために、これも典型例をいくつかあげてみましょう。

（1）学校配属型　学校内のスタッフとして日常的に学校内にいて、校内で活動すると同時に、当事者や関係機関には学校のスタッフとして対応するもの。

（2）地域配属型　教育委員会などで雇用され、教育行政の管理の下で特定の地域や学校を巡回するが、特定の学校のスタッフとしては活動しないもの。
（3）事例対応型　教育委員会などで雇用され、教育行政の管理の下で活動するが、日常は特定の地域や学校には関与せず、必要な事例が生じたときに派遣され、その事例に即応した活動を行うもの。
（4）任意団体型　教育行政や学校ではなく、保護者団体や運動団体などに雇用され、関係する児童生徒に関する活動を行うもの。
（5）個人契約型　個別の保護者や児童生徒との契約に基づき、その個別事例への対応を活動の中心とするもの。

ソーシャルワークは、個別の当事者の状況だけではなく、その当事者の環境、つまり生活領域にどのような課題や生活を支援するための社会資源があるかということがとても重要であり、そのための知識の蓄積が必要となります。そのため、上記の区分のうち、（1）や（2）は特定の当事者の状況を把握しやすいと同時に、地域状況も把握しやすいので、ＳＳＷの基本形と考えて良いのではないかと思います。

それに対して、（3）はことが起こった時にそこにサポートに入るという動きを想定します。これまでの経験では、児童生徒の自死など大きな事件や非行、いじめ、保護者間の対立に発展した学校事故、教員によるセクハラなどがあり、深刻で学校も混乱していますし、マスコミや地域も激しく反応している場合が多かったのです。このような場合には、まず学校の管理体制の安定化と、教員などスタッフ一人一人がどう行動するのかの方針の提示、事態を心理的、法的など必要な視点で整理して再構成し、確認するといった作業が求められました。このような非日常の活動は、ワーカーの側にも通常と異なる危機介入的な知識・技術やセンスが要求されます。

さて問題は（4）や（5）の区分です。保護者の任意団体といっても、PTAなどの場合には学校サイドの了解を得ている場合が多いでしょうから、仮に予算その他の都合で今後PTA雇用のSSWrということがあったとしてもそれはむしろ（1）に近いものと考えられます。ここで想定したのも、不登校、いじめ、非行などなにかの共通のなやみや学校への要望を抱えた方々が組織として活動される例が増えており、そこではソーシャルワーク的に相談にのったり、一緒に学校や教育委員会に出かけて相談や交渉を行うなど、その活動が拡大しているという状況があります。私はこのような活動は、社会における青少年支援という意味合いから、ユースワークの一部と考えており、教育や学校の中に身をおいて活動するものをSSWと考えて区別していますが、実際に十分な議論を経たものではありませんので、迷いのあるところです。いずれにしても（4）や（5）の活動は優れたソーシャルワークであり、児童生徒や保護者のアドボケイト（支持したり弁護したりする役割）というソーシャルワークの大事な役割を果たしていることは間違いないのです。ただ、SSWに含めるのかという点で、議論の分かれる点があるように思います。

3　活動のポイント

　ソーシャルワークは、well-being をめざす仕事をするとされています。これは、よりよい状況に向かうことを言いますから、児童生徒を念頭に置いた場合、児童福祉法第一条などが国民の義務と規定する、児童が「心身ともに健やかに生まれ、且つ、育成される」とか「生活を保障され、愛護されなければならない」などの、いわゆる健全育成が達成されることを目指すと考えれば良いでしょうし、子どもの権利条約のいう「子どもの最善の利益」という表現でも良いかもしれません。つまりソーシャルワーカーは、子どもの健全育成や子どもの最善の利益の確保・実現をめざして活動するのだということになると思います。

　しかし、実際の事例では、子どもの最善の利益だけでなく、社会の安全や学校の平穏、はなはだしくは保護者や教師、学校の面子など実に多様な価値観が入り交じることがあります。特にいじめや非行などで事態が深刻になるほどに、多様な価値観が交錯し、当該児童生徒の最善の利益が相対的に軽視されたり、無視されることもめずらしくありません。このような時にＳＳＷｒはどのように考え、どのように動くのかというのは、実践場面で重要になります。そこには価値観や倫理観、実際の場面を切り開き展望を見いだす技術や人間関係などが求められますから、この児童生徒観ということに関しては、実践との関係でしっかり考えておく必要があるように思います。もちろん、このような児童生徒観はＳＳＷｒだけではなく、教師をはじめすべての人に求められているのですが、ＳＳＷｒはその実現のために活動する仕事であるという点で重い意味をもっている言葉です。

well-being あるいは　子どもの最善の利益を実現するためには、どのような点に着目するかというと、まず社会を変革するという視点が求められています。このことは、過激に聞こえるかもしれませんが、何らかの困難を抱えた人や家族を見る時に、その人のもつ課題としてとらえるだけでなく、社会の中でそのことが課題として浮かび上がってくるのだという、優れてソーシャルワーク的な視点からくる特徴的な見方ということができるのです。

次に、人間関係における問題解決をはかり、人びとのエンパワメントと解放を促していく、という視点がもとめられています。この部分は、カウンセリングとも非常に近く、むしろその見方や技術という点ではカウンセリングの技法に学ぶことの多いところです。

また、人が環境と相互に影響しあう接点に介入するということですから、その接点を探しだし、見極める力が求められるのです。不登校のＡ君、荒れているＢさんのこの接点はどこかを考える場合には、当然に彼らの環境をきちんと把握すると同時に、彼らそのものの特徴を把握する必要が生じます。そこでは環境や彼ら自身に関する、慎重で緻密で体系だった情報の収集と整理が必要となり、それに基づいた判断も必要となります。このような一連の活動をアセスメントと呼ぶことが増えてきました。SSWの場合には、児童虐待や非行と同様に、本人や保護者の意向に従うだけではwell-beingと合致しない場合も少なくないため、特にこのアセスメントは重要な意味をもちますし、責任も重い活動です。このようなアセスメントに基づいて介入を実施することになります。

4　スクールソーシャルワークの特殊性

学校組織や教育行政の中で活動を行うには、SSWr自身が、まず環境でもある学校現場と十分な信頼関係を紡ぐ必要があります。また一般論としての援助論だけではなく、教育という分野が持つ地域性と固有性に根ざした知識（local and indigenous knowledge）を身につけて、その上での教育領域固有のソーシャルワークを展開することが必要とされます。

一方で、学校や教育にとっては外部システムとなる、子ども家庭相談体制との連携に関しても、機能を発揮することが期待されます。この場合には、教育・福祉・保健・医療・司法などが、実は相当に異なる常識や言語を使っており、その活動目標も異なる場合が少なくないので、各場面における通訳的、つまり共通言語や価値観を模索する仕事も大切です。たとえば児童相談所が、普通に用いる言葉には、学校サイドから聞くと意味が分からなかったり誤解をするというようなことはしばしば見られます。一方で学校は、虐待通告をすれば、子どもはすぐ一時保護されてしまうといったような、誤った認識を持っていることが少なくなく、そのような場面での行き違いを減らす役割も大きな意味があります。しかし、ＳＳＷｒにとって大事なことは、学校の内部できちんとアセスメントを行い、それを学校共通の認識として確認し、管理職や担当者が安心して外部機関と折衝することができるよう配慮するという、黒子的な役割だと考えています。

ソーシャルワークは、既存のシステムと社会資源を活性化させ、エンパワーさせるのが仕事であり、「ＳＳＷｒさんが来てくれたので、めざましく事態が動きました」というのも、評価としてはいいのでしょうが、本質とは異なるようにも感じます。もっとも最近は様々なところで、業務評価や査定が行われ、華々しい成果が求められ、それが予算などにもはね返りますからジレンマを感じる部分でもあります。

5　スクールカウンセラーとスクールソーシャルワーク

ＳＣの事業については、平成七年の試験的な配置事業を皮切りに、今日まで予算の厳しい中で配置実績をあげてきています。現在では原則として、全国の中学校で、希望すればなんらかの形でＳＣの面接を受けることができる状況となっているはずです。その活動には、＊個別対応だけでは対応が難しいため、不登校生徒の親の会を実施している。＊学生による学習支援ボランティアのマネージメント、不登校生徒などで必要のある生徒に対する家庭訪問を実施している。＊外部専門機関への紹介や連携に関する調整、研修会や研究会への協力を行っている。＊クライシスの発生が予想される場合の予防的対応や未然防止にも協力している、(1) などのＳＳＷの活動としてもおかしくない内容を多数含んでいます。

実際のＳＣとＳＳＷの活動は、見かけ上かなり近いものです。しかし、やはり大きく異なると感じるのは、環境つまり当事者が周囲の影響しあうものとどのように関わっているかという視点に基づいて、環境の側の要因をきちんと把握し、その変革を求めようとする、その視点の強弱にあると思います。

また、一方で well-being として何を目指すのかという点で常に意識をとぎすまし、その実現に向けては、法律や社会学などその基礎とする理論体系を広く持っているということも違いのひとつかと思います。

6　学校・教師とのコラボレーション

日本の公教育の特徴として指摘できるのは、実に多様な役割を学校が引き受けているということです。子どものことに関しては、オールマイティであろうとしています。そして、その中心的役割のほとんどを、教師が受け持っています。今日の状況下では、教師のストレスが高いというのは、当然のことと考えざるを得ません。児童生徒との対応に加えて、保護者との対応に悩む教員が増えてきたことも、様々な調査結果が示しています。学校へのイチャモンの研究をされている小野田正利教授は、学校に持ち込まれる要求を丁寧に拾いながらも、そこに「学校に残る権威主義と思い上がり」「他者に無関心で不寛容な社会」「孤立する子育てと自子中心主義」をキーワードに、広い視点で読み解こうとされています。(2) このような、一人の親の持っている、あるいは児童生徒、あるいは教師の特性をそれだけの責任や課題とせず、その背景の構造に目を向けつつ、その接点に切り込むという姿勢がソーシャルワークの真骨頂ということです。

その意味では、ＳＣとＳＳＷｒとは、互いが専門職であるなら、相互に協同できる関係であるはずです。しかし、このことも積極的にアピールしないと学校サイドには理解しにくいことで、担当教員の勝手な判断で、これはカウンセリング、これはソーシャルワークと分けられていたり、気配りのある先生が、どちらに相談したら担当者の顔をつぶさないかと面子の問題として心配しておろおろされたりと、実に笑えない事態が生じます。ソーシャルワークの視点からいうなら、そういう掛け違いも含めて、まず調整をするのはソーシャルワークの仕事のうちであり、自身と対象者にとって最も重要な環境である、学校の状況をシステムとして把握することは、ＳＳＷの第一歩だと思うのです。学校の困難な状況は、今後ますます進行する可能性がありますし、それに対して十分な予算のないまま、付け焼き刃的に様々な人材が学校現場に入るという、実は効率のよくない状況があちこちに見受けられます。そのような人材も、組織化すれば有効な社会資源であり、ＳＳＷｒには学校や教師と連携して社会資源をコーディネートすることで、学校としてより有効な活動を行う、そのような役割を期待されるのではないかと思います。

注

（1）文部科学省　子どもを守り育てるための体制づくりのための有識者会議（第二回）平成一八年一一月二一日から　植山委員説明資料。

（2）小野田正利（二〇〇六）『悲鳴をあげる学校』旬報社。

第3章　日本のスクールソーシャルワークの流れ

1　スクールソーシャルワーク前身の取り組み

1　あいりん小中学校の設立

大阪釜ケ崎（「あいりん地区」）は労働者の町と言われ、単身の日雇労働者が多くを占める地域でしたが、子どもを抱えた世帯も多く生活し、学校に行きたくても行けない家庭環境にある子どもたちが多数存在していました。一九六一（昭和三六）年八月に「第一次釜ケ崎暴動」が起こりました。この時期に不就学児のための学校が設立されることとなりました。大阪府教育委員会より特殊学級として認可を受け、一九六二年二月一日、「大阪市立萩之茶屋小学校・今宮中学校分校あいりん学園」として授業を開始しています。児童・生徒の状況を見ると、就学願の出された五四名の児童生徒を受け付け、小学部二学級、中学部二学級編成となっています。学校生活の経験がなかったり、経験はあっても三、四年間も遠ざかってしまった経緯のある子どもたち、小学一年生から中学三年生までが二つの教室に集まり開校しました。当時の職員組織は、学園主任として指導主事常駐、教諭二名、嘱託一名、現業員一名でした。その中で、一九六一年一〇月一日、不就学児の教育対策のために嘱託として学校ケースワーカーが任命されています。

2　学校ケースワーカーの実践

あいりん小中学校における学校ケースワーカーの活動について「あいりんの教育―第三年の歩み」の各報告からたどってみます。職員の状況として、嘱託（市教委）の役割について、「ケース・ワーカーとして、入学・転学・通学について相談、調査、援助等を行う」、「職員は学習指導の外、子どもの親代わりとなって親身に世話をする必要があり、特に生活指導に努め、課外指導・街頭補導・夜間の家庭訪問等を行っている」とされています。職員全体の連携の中でＳＳＷ的な活動が担われていることがうかがえます。初代学校ケースワーカー（安藤主雄氏）のケースメモには、病院、警察、家庭、児童福祉司、担任教諭と連携した活動が具体的に報告されています。学校での問題ケースとしては、不正常な出欠、怠学、問題行動、貧困、親の無理解による就労（おもに子守などの手伝い）などがあげられています。また、教諭からの報告「愛隣地区の不就学児対策　あいりん学園・今後の課題」の中では、「家庭での教育が全然なされないとすると、これは当然、教師の負担となる。放課後の指導はいうにおよばず、教師は常に学校で親のかわりをさせられる。そして、親の生活指導においまわされねばならないのである。ケース・ワーカーの増員（後述）を願いたいところであるが、……」「地域独得のむずかしい問題をもつ子どもと、その親、その家庭の指導、子どもの数にして一五五名を担当していただくのはあまりにも過重である。教師ともども、充分な問題解決のために、いや、未然に発見し、防止して子どもの福祉をまもるべきケース・ワーカーの増員、常勤のケース・ワーカーの必要性を感じるのである」と述べられており、ケースワーカーの増員という形でSSWの必要性が主張されています。養護教諭の報告にも、「ケースワーカーの先生と新入学生の家庭一〇軒余りを訪問した」との記述があり、養護教諭との連携も密接であったことがわかります。また、「不就学、長期欠席の原因が本人によるものであろうと、家庭に原因するものであろうと、それらがみな、貧困という社会的条件から出ているとすれば、学校にも社会事業的方法があってよいと思う。それは救貧事業でもなければ教育でもない。教育の効果をあげるべく手助けの仕事」とされており、教師の教育的視点とソーシャルワーカーの福祉的視点の共有による双方からの問題提起がなされています。

ワーカーはどのような姿勢で動いていたのでしょう。第四代学校ケースワーカー小柳伸顕氏（一九六九〜一九七五年）は、次のように記しています。

「怒りをなだめるために『それじゃぼくがやりましょう。』という解決策があるが、ぼくは一貫してその方法はとらなかった。ケースワーカーとしては、あくまで、『本人の仕事』を援助する姿勢に徹した。だから、本人が立ちあがらないときは、その機をまった。……（略）……それだけに、ぼく自身でやるより二倍も三倍もの時間と労力を必要とした。それは実に焦れったいことではあるが、ものごとの結果と同様に『過程』に意味があると考え、やってきた。そのために、逆に親たちとの人間関係も深くなったことも事実である」（小柳伸顕『教育以前』）。

相手の自立を念頭に置いた支援がなされていたことであり、ソーシャルワークの原点になる活動が意識的になされていたことがわかります。

ケースワーカーが子どもと家庭の状況を把握し、今宮診療所と連携して医療保障に取り組んだ例や父子家庭の状況から生徒の欠食状況を発見し、養護教諭や教諭と連携して実態調査を実施し、大阪市との交渉を続けた例も見られます。この結果、一九七〇年一月からの朝の特別給食の実施となりました。実践の中で日常の生活支援と教育保障への働きかけが結びついた例が示されています。

あいりん小中学校の学校ケースワーカーの取り組みは、不就学児童・生徒の発見、就学相談、生活相談、転学相談、学校と家庭、家庭と関係諸機関の媒介役を果たしており、その業務には専門的な知識と経験を要する専門職としての働きが必要でした。これらの報告から、学校ケースワーカーは学校内で教師と協働できる環境が必要であることがわかります。役割分担を強化することによって、教師がすべき事柄を任されてしまうことではＳＳＷは十分に機能できません。逆もまた同じであり、教師の働きが十分機能できないようなことになってしまいます。今後、ＳＳＷｒの専門性を考える場合にも議論されなければならない課題ではないでしょうか。あいりん小中学校の学校ケースワーカーの活動は、ボランタリーな性格をもち、子どもと家庭への支援を通して地域福祉の視点とアクションの視点を多く含んでいることが言えます。このことは学校ケースワーカーが一貫して釜ヶ崎の労働者支援に主体的関心をもち、地域への働きかけや交流の視点をもっていたことにも示されています。廃校後、学校ケースワーカーは今宮中学校に引き継がれました。あいりん小中学校が愛隣会館の中にあったことは、最善の環境として提供されたわけではありませんでしたが、学校ケースワーカーと諸機関、地域との連携にはよいものであったと言えます。児童・生徒を包み込むようなチームワークを生かした支援を行っていく可能性が広がるのではないでしょうか。このような活動から現在の学校のあり方、ＳＳＷのあり方についても学ぶべき点があるかもしれません。

2　日本各地の取り組み

1　日本におけるスクールソーシャルワーク実践の始まり

日本におけるＳＳＷ実践の始まりについてはさまざま議論がありますが、ＳＳＷｒという肩書きでの活動は、一九八六年から始められた埼玉県所沢市の山下英三郎の活動が最初だと言われています。この当時、学校では校内暴力の嵐が吹き荒れた後で、登校拒否（不登校）が増え始めた時期でもありました。山下は、不登校や非行の子どもたちに対して継続的な訪問活動を行い、子どもや保護者とともに問題解決を模索する活動を行いました。訪問活動以外にも、学校との連携や調整、地域社会への働きかけも積極的に行いました。例えば、少年事件の際、家庭裁判所の審査に立ち会い、付添い人として意見を述べることもありました。エコロジカルモデルを理論的枠組みとして活動していた山下は、個人と環境との相互交流に注目し、不登校の子どもたちの居場所作りにも力を注ぎました。この居場所は、現在、障害をもつ子どもやニートと呼ばれる若者たちのフリースペースとして地域に定着しています。また、行動上の問題を示す子どもたちへの支援としては、親の会を作り、親がお互いを支えあうネットワーク作りにも力を入れました。所沢での活動は一九九八年まで継続され、山下はＳＳＷの執筆活動やカルチャーセンターなどでのＳＳＷの講座を通してその普及活動に努めました。この間、ＳＳＷの考え方に共感する人たちの輪が関東地方を中心に広がり、一九九九年に日本スクールソーシャルワーク協会が発足したときの基盤になりました。山下は、ＳＳＷは大人の側、大きな力を持っている側に立って導入しても新たな抑圧機構をつくりだすことになると懸念し、子どもの側に立ち、市民レベルの要求として導入される必要があることを強調しました。所沢市の活動は、埼玉県や神奈川県などの市町村の施策に影響を与えましたが、具体的にＳＳＷｒを雇用する動きにはつながりませんでした。しかし、市民レベルの活動として全国各地に影響を与え、現在ＳＳＷに関する研究や実践をしている人たちの多くが、山下の著書や講演に触れた経験を持っています。

2　スクールソーシャルワークの広がり

(1)　行政レベルのスクールソーシャルワーク活動

ＳＳＷが広がるきっかけとなったのは、二〇〇〇年に赤穂市教育委員会と地元の関西福祉大学の共同研究で開始されたＳＳＷ推進事業でした。しかし、この事業の当初のねらいはＳＳＷｒの導入ではなく、学校関係者、保護者、地域の人たちにＳＳＷの概念を理解してもらい、子どもたちの生活環境を整えることでした。そのため、地域のネットワークづくりやシステムづくりに多くのエネルギーが注がれました。このことで、学校関係者や地域の人たちの子どもに対する見方や不登校のとらえ方に対する意識の変化がみられました。そして、二〇〇四年度にこの事業は大きな転換点を迎え、市教委からＳＳＷｒ設置要綱が明確化され、一名のＳＳＷｒが赤穂市全域を対象に実践活動を始めることになりました。それまでも小中学校でのコンサルテーションや直接援助などの実践は行われてきましたが、共同研究という名のもとに制約された立場での実践であったため、このような事業の転換は画期的なことでした。現在、ＳＳＷｒは青少年育成センターに所属して地域に根付いた活動を展開し、中学校に全校配置となったＳＣとの連携も進めています。赤穂市の事業がもたらした大きな成果の一つは、ＳＳＷの取り組みを全国へ発信し、社会的認知度を高める役割をしたという点です。二〇〇〇年からの三年間は、全国から参加者を募り、海外からもゲストスピーカーを招くなど活発な動きを展開し、赤穂の市民を初め多くの人たちがＳＳＷの存在を知る機会となりました。今後の課題は、ＳＳＷｒを市独自で雇用する予算がつくかどうかという点です。

都道府県の自治体レベルでＳＳＷｒをはじめて雇用したのは香川県でした。香川では、国の施策の「健康相談活動支援体制整備事業」の一環として、二〇〇一年からＳＳＷｒを学校に派遣するようになり、二〇〇六年現在、八名のＳＳＷｒが活動を展開しています。香川の特徴は、健康相談活動の一環ということで、主に保健室を拠点に養護教諭とチームで支援にあたるという点です。保健室は教員と連携して生徒のニーズを知ることが可能な場所であり、生徒にとっても気楽に相談できる場です。ＳＳＷｒの活動拠点として保健室は、養護教諭がＳＳＷｒの協力者となりサポートしてくれるという大きなメリットもあります。現在は、中学校五校、高等学校四校に定期的にＳＳＷｒが派遣され、他校からの派遣依頼があれば県教委からどの学校にも単発で派遣される体制になっています。週二日パイロット校に派遣されているＳＳＷｒは、学校と保護者、生徒と教師など、その間に入る専門職として子どもの抱えるさまざまな問題に具体的に対応すると同時に、校内の教育相談部会などの組織に参加しチームの一員としても援助方針を検討しています。その他、ＳＳＷｒがゲストティーチャーとして授業に参加し、ソーシャルスキルトレーニングをグループワークで取り入れ、子どもたちのコミュニケーション能力をアップさせるような取り組みも行い成果をあげています。現在、ＳＳＷｒに対する事例検討会や研修会の依頼は年間一〇〇件を超え、今後もＳＳＷｒを増員して欲しいというニーズが出ていますが、人材の確保には苦労をしています。現在、ＳＳＷｒとして勤務しているメンバーは香川ＳＳＷｒ協会に所属していますが、それぞれが別の福祉領域でも仕事をしている状況です。しかし、自治体としての取り組みでは最長の六年目を迎えるということで、その実績の意味は大きく、この事業に関連して、東かがわ市では市独自のＳＳＷｒ派遣事業に取り組んでいます。

茨城県結城市では、二〇〇〇年一〇月から不登校対策要員としてＳＳＷｒを配置しています。子どもをめぐる事件から、子ども自身が相談にのってもらえる学校を離れた第三者が必要であると教育長自らが判断して緊急に導入することになったいきさつがあり、当時学校相談員として勤務していた二名が常勤でＳＳＷｒとして雇用されることになりました。現在は市内の三中学校に配置されていますが、中学校にはＳＣも派遣されているため、両者が混同されることもありますが、市の教育委員会はＳＳＷｒの役割を次のように説明しました。ＳＳＷｒは生活の悩みについての相談ができること、生徒指導担当者と連携しながら家庭訪問などの活動ができきフットワークが軽いこと、関係機関との連携も密にできることなどでした。また、関係機関とのケース会議の段取りや調整なども、ＳＳＷｒが中心となって成果を上げており、今後も連携の要になることが期待されているようです。

大阪府では、二〇〇五年から、学校単位で活動を行うＳＳＷｒを府下七市の小学校に配置し、それ以外の市町村にはケース会議や研修を行う地区担当のＳＳＷｒを派遣しています。大阪府では教育行政とＳＳＷ事業がうまく協働できており、自治体レベルの取り組みとしては一つのモデルケースとして全国的にも注目を集めています（詳細については次項を参照）。

兵庫県では、二〇〇六年から虐待対応に特化した形で「児童生徒の安心づくりコーディネーター」（別名としてＳＳＷｒと表記）を学校に派遣することになりました。活動内容は、虐待の早期発見、虐待家庭と学校をつなぐコーディネーター、虐待対応の研修、事例検討会等の講師など学校支援が主で、子ども家庭センターなど関係機関との連携役も担う予定ですが、まだ始まって間もない事業であり、試行錯誤の日々が続いているようです。一日六時間週五日の勤務でほぼフルタイムの仕事で、兵庫県下三カ所の教育事務所を三人のコーディネーターで担当するため、カバーしなければならないエリアが広く、通勤に時間を要して充分な活動ができないという問題もあるようです。特に兵庫県の事業で問題となるのが、虐待に特化している活動であるという点です。学校の虐待への認識によってはコーディネーターにうまくつながらない場合や事例の主な問題が不登校や不適応などであるために虐待問題を見落としている場合もあることが推測されます。コーディネーターが充分に活用されるように情報がうまく流れるネットワークやシステム作りが急がれるところです。

滋賀県では、二〇〇六年から、不登校について、SSW的視点からの支援方法が効果的であるとし、約二〇校のモデル校を指定し、学校で行われるケース会議（年間四～五回を予定）に、弁護士、臨床心理士等の専門家（専門委員）を派遣して、教職員によるアセスメントとプランニングをサポートする、SSW的不登校支援事業をスタートさせています。専門家のサポートにより、最終的には、教職員のスキルアップを図り、学校・教職員が日常的にソーシャルワーク的視点を持った効果的な支援を行えるようになることを目標とするもので、非常に興味深い取り組みです。

(2) 学校レベルのスクールソーシャルワーク活動

千葉大学教育学部附属小学校では、学校独自の取り組みとして、二〇〇二年九月からSSWrを配置しました。附属小では、メンタルケアに関わって積極的に子どもと関係を築き動ける人をということで非常勤職員を探していた折、図書館で山下の論文を見つけSSWrの人材を探すことになったという経緯があります。活動内容は、子どもたちと学校生活を共にしながら、子ども、保護者、教員の相談活動を行い、広報活動としてニュースレターを発行するなど積極的に活動しています。附属小における一番の課題は、国立大学の独立法人化に伴い、予算確保が難しくなっている点です。これは今後のSSWの現実的な課題でもあり、SSWrが何をする専門職であるかを社会に対して明確に示していくアカウンタビリティの問題にもつながります。

滋賀県の私立高校、近江兄弟社高等学校も一例として挙げることが出来ます。近江兄弟社は単位制で学年の枠にとらわれないユニークなカリキュラムを持ち、不登校を経験した子どもたちも安心して学習に取り組める環境作りをしています。その一つとして、大学生や大学院生によるボランティアが学習の手助けや友達づくりの橋渡し役をしてくれるラーニングアシスタントというシステムがあります。そのシステムに深く関わり調整役を担ってきたメンバー一名が、二〇〇六年四月からＳＳＷｒとして雇用されています。ＳＳＷｒは、生徒との関わりをメインの活動としながら、事例検討会やボランティアのコーディネート活動、家庭と学校、地域をつなぐ関わりをしています。現在は勤務体制や雇用条件など曖昧な点も多く、今後はＳＳＷｒが学校内外に認知されるように、その役割を更に言語化していく努力が求められています。

(3) その他のスクールソーシャルワーク活動

ＳＳＷｒという名称で公式には呼ばれなくてもＳＳＷの考え方を実践している人たちは学校内外にいます。例えば、学校内ではＳＣという肩書きでありながら実際はＳＳＷの理念に基づいて活動している人、相談員ということで学校内に非常勤職員として採用されている人等です。学校内での活動形態として共通しているのは、相談室だけの対応に終始することなく、より積極的に外部機関などに出向いて（アウトリーチ）環境調整をしている点です。学校内に存在するということの何よりのメリットは、学校の資源を充分に活用でき、学校との連携がスムーズにいきやすいという点でしょう。一方、学校外の地域では、私塾を経営しながら子どもや保護者の相談にのっている人、地域のネットワークで相談事業に携わっている人、地域の居場所や思春期関係者のネットワークづくりをしている人などがいます。学校外の活動形態として共通しているのは、子どもや保護者など当事者の地域における居場所づくりを柱に活動を展開している点です。地域での活動には、学校システムに巻き込まれず、子どもや保護者の立場に立った支援が行いやすいというメリットもあります。SSWrをどのように定義するかで活動の幅は異なってくると思いますが、SSWrの活躍する場が限られている現状の中では、可能性を限定することなく、ミクロからマクロまで様々なレベルで活動の多様性を認めていく必要があるでしょう。ただし、SSWの活動の理念についてはガイドラインとなるべきものを共通認識しておく必要があります。[1]今後、SSWrが社会的に認知されるようになり、SSWrを名乗る人が増えた場合はその活動理念はなおさら重要となります。

注

（1）日本スクールソーシャルワーク協会では、活動のためのガイドラインを作成し、協会員が活動を行う際の指針としています。内容は、ソーシャルワークの基本的な理念、環境を視野に入れた活動と目的、子どもの利益を最優先する、一人ひとりの子どもの価値や個性を尊重する、自己決定を尊重する、プライバシーの尊重と秘密の保持など、協会員の活動の質を高め維持するための判断基準となるものです。

引用・参考文献

小柳伸顕（一九七八）『教育以前─あいりん小中学校物語』田畑書店。
大阪市立あいりん小・中学校（一九六四〜一九七〇）「あいりんの教育」。

府県レベル

第4章　大阪府スクールソーシャルワーカー配置事業について

1　スクールソーシャルワーカー配置にいたるまで

1　学校だけでは対応が困難な事象の増加

大阪府教育委員会においてＳＳＷｒ配置につながる事業を開始したのは平成一三年からです。その前年は、五月に愛知の主婦殺害事件、九州の西鉄バスジャック事件や岡山の金属バット母親殺害事件など、一七歳の少年による犯罪が相次いで起こり、いわゆる「一七歳問題」として全国的に大きく取り上げられた年でした。さらに、それらの事件と前後して、教育現場からも「キレる」子どもたちによる突発的な問題行動の増加が報告され、その対応に苦慮している状況も示されました。

これまで学校においては、問題行動事象が生起した場合には、過去の経験に照らして解決策を導き出し、対応してきました。しかし、いわゆる「キレる」子どもたちによる問題行動は、子ども自身の変容はもとより、その背景に家庭・地域の教育力の低下、規範意識に欠ける社会の風潮など、さまざまな要因が複雑に絡み合って生起しており、これまでのような学校だけの対応では解決が困難な状況となっています。

そうした状況への対策として、平成一三年、府教育委員会は、児童生徒の問題行動の分析と学校支援策の検討を始めたのです。

2　子どもサポートチームによる支援

検討の結果、府教育委員会は平成一四年度に、学校への支援策として「子どもサポートチーム」を立ち上げました。同チームは学校だけでは対応が困難な事象に対して、必要に応じて次のような人材を派遣し、学校の取り組みを支援することを業務としました。

・事象解決に必要な児童相談所や補導センター等の専門機関との調整を行うコーディネーター
・事象解決にあたる教員に対して、心理学や法的な側面からの指導助言を行う臨床心理士・弁護士等の専門家
・児童生徒と年齢も近く、また、教員とは異なる立場で児童生徒に寄り添い、その思いを受け止めることのできる学生サポーター（大学生や大学院生等）

・学生サポーターを支援し、指導助言を行うサポートリーダー（退職校長）

なお、同チームは、学校の主体性を尊重するために、市町村教育委員会を通じて要請のあった学校にのみ支援に入ることにしました。

3　支援の成果

子どもサポートチームは、平成一四年度からの四年間で、小学校二〇校、中学校三七校に支援を行いました。子どもサポートチームによる支援の成果として、次のような点があげられます。

一点目は、「課題の共有化」です。一般に学校で問題行動が生起した場合、その対応は学級担任や学年教員に任されており、他学級や他学年の教員に正確な情報が伝えられず、そのことが学校の一体となった対応を阻害している事例が多くみられました。しかし、全教職員参加のもとにサポートチームによる事例検討会議が開催され、それまでの学校の取り組みが総括されることで、課題が共有されました。そのことが、事象解決のためのより有効な対応策の構築と関係教員の役割分担を可能としたのです。

二点目は、「子ども理解の促進」です。問題行動の心理的な分析や、児童虐待やＤＶ等の判断、あるいは、法的なトラブルに関する専門家からの助言等は、教員の子ども理解を促進させ、手詰まり状態を打開するきっかけとなりました。また、日頃の取り組みに対する教員の不安や疑問などを専門家に分析してもらうことによって、それまでの自分の取り組みに対する自信を深めた例も見られました。

三点目は、「小学校に対する支援の有効性の検証」です。授業妨害や授業エスケープを繰り返す児童生徒への対応として、学生サポーターが授業に入り込んで対象児童生徒に寄り添う形の支援を行いました。この方法は、小学校への支援の場合にとくに効果がみられました。児童の場合、自分への関わり欲求が「教員への反抗」という形で現れていることが多く、学生サポーターが一対一で寄り添うことで、心理的に安定し、授業に集中することができるようになりました。そして、それが授業妨害の回数及び教員の叱責回数の減少につながり、その結果、教員と児童との関係が回復され、学級の雰囲気も改善されました。

以上のように、専門家が専門的見地から、情報共有や情報管理のシステムづくりを提案し、各自の役割を明確にしたチーム対応を促すことで、生徒指導上の課題が緩和され、硬直した状態から脱却した例が多く見られたのです。

しかし、一方で、先ほども述べたように支援対象となる児童生徒の多くが、その背景に家庭環境の何らかの課題を抱えていました。そのような場合、教員が家庭を訪問するなどして働きかけても、保護者が無関心であったり、あるいは、保護者から明確に拒否されたりして、効果が得られないこともしばしばあり、支援の結果学校において児童が元気を取り戻しても、課題の解決には至らなかった例も多くありました。

4　なぜ、スクールソーシャルワークか

このように、子どもの様々な課題の背景・要因には、家庭環境・生育環境、学校生活環境をはじめとする子どもを取り巻く環境が影響していることを考えると、その状況に適切に対応するためには、その背景・原因の見極め（アセスメント＝子どもや家庭への見立て）と、それに応じた合理的な対応プラン（プランニング＝解決に向けた目標設定と具体的手立て）が必要です。

このアセスメントとプランニングを効果的に行うためには、担任をはじめ関係者が持つ情報を集約し具体的な対応を協議決定する場（校内ケース会議）と、関係者が役割を明確にしながらチームで支援する体制を校内システムとして作り上げることが重要になります。

また、子どものみならず保護者への支援を図るためには福祉的なアプローチが重要であり、学校だけでは対応が困難なケースに対して関係機関との連携のノウハウも含め、直接・間接的に福祉的視点の支援ができる人材が必要でした。

そこで、ケース会議や校内チーム支援体制の構築を推進するため、社会福祉に関して高度に専門的な知識を有するＳＳＷｒを配置しました。具体的には、次のような役割を期待しました。

①　校内チーム支援体制構築のサポート

② 校内ケース会議の設定及び会議での福祉的視点からの助言
③ プランの実行段階での子どもや保護者への対応
④ 関係機関との連絡調整のサポート

ケース会議やチーム支援体制の構築に、なぜ、社会福祉の専門家が必要であるかについては、当初よりずいぶん論議がなされました。しかし、学校現場を見る限り、今、学校だけでは対応が困難なケースを扱う上で最も必要なのは家庭や保護者への福祉的な知識と対応であり、そのノウハウがなければケース会議やチーム支援の意義が浸透しないのです。さらに、きめ細かな「子ども理解」のためには、福祉的な視点が有効であることは、子どもサポートチームの活動から学んだことでもありました。

配置校を指定してそこを拠点として活動する形態をとったのは、複数の小学校に同じ条件でＳＳＷｒを配置し①〜④に取り組むことで、その成果と課題について多角的・多面的に検証するためです。先例が少ないＳＳＷｒ配置について、その可能性と限界についても共通点と相違点という両面からの研究ができると考えました。

2 スクールソーシャルワーク活動の状況——配置校での活動と地区での活動

1 配置校活動（七小学校）

ＳＳＷｒは府内七地区七小学校において、週二回を基本に年間七〇回の活動を行っています。一回の活動は六時間ですが、活動時間帯については学校やケースの状況に応じて柔軟に対応しています。

主な活動内容は次のとおりです。

① 不登校児童や課題を抱える児童に対する状況把握
② 課題を抱える児童及び保護者に対するケースマネージメント
③ 学校・保護者・関係機関との円滑な連携のための調整連絡
④ 市町村教育委員会の要請による各種会議等への参加
⑤ 教員や地域及び保護者対象の研修会での講演

配置校では、「学校との協働」がキーワードとなります。①〜③は、教員と情報を共有し、役割分担しながら具体的なケースに関わり、必要に応じ機関連携のサポートを行うという本事業の根幹の活動です。

④〜⑤については、当初は配置校での活動を情報発信するために設定しましたが、配置市の状況に応じて、市の虐待ネットワーク会議への定期的参加や、他校での保護者対象研修会での講演など活動範囲に広がりが見られています。

ＳＳＷｒを中学校ではなく小学校に配置したのは、前述のサポートチームの成果「小学校に対する支援の有効性の検証」にあるように、気になる児童やその家庭へ早期に組織的支援を行うことが小学校での効果だけでなく、中学進学後増加する問題行動・不登校の防止に結果としてつながると考えたからです。今年度、ＳＳＷｒを同小学校に継続配置し、その効果について市教育委員会指導主事及び中学校と連携しながら検証しているところです。

２　配置地区活動（七地区）

ＳＳＷｒは配置校での活動以外に、府内七地区において、週一回を基本に年間三五回の地区活動を行っています。地区活動は、市町村教育委員会からの要請の内容により当初に派遣回数を決めて行っています。主な活動内容は次のとおりです。

①　模擬ケース会議等参加型研修の企画・運営のサポート
②　校内支援体制構築のための助言
③　課題を抱える児童及び保護者に対するケースマネージメント

④　教員及び地域・保護者対象の研修における講演

地区活動では、配置校活動のように年間を通して週単位の定期的な活動が行われるわけではありません。そこで、①や②が重要となります。学校だけでは対応が困難なケースには、その状態に至るまでのプロセスに今後の教訓が示されていることも多くあります。そうしたケースを活用しながら、チーム支援の有効性を示すことで、これまでの組織体制を見直すことをねらいとしました。SSWrがチーム構成員として活動するのではなく、ケース会議でのアセスメント・プランニングの助言者・支援者として定期的に学校体制に関わるという活動です。

当初は、①~②を焦点にした活用を想定していましたが、派遣を要請するような困難なケースを抱える学校が求めるのは、さらに具体的な協働に踏み込んだ③の活動でした。特に、配置校での活動が他校の教員にも伝わるにつれ、③を中心とした活動の要望は広がりました。現在は、①から始まり②、③へと続く一連の活動が主流となりつつありますが、配置校での活動とは異なる条件、限られた回数の中でどういった介入が可能であるのか見極め、限定された回数で要請に応じた成果をあげることがSSWrに求められているといえます。

④は、ネットワークづくりのための共通理解の機会として今後ポイントになる活動だと考えます。学校と地域・保護者との協働の必要性に関しては、これまでは当事者である学校関係者や地域の方、あるいは全く第三者的な存在である教育の専門家によって語られる状況がありました。

当事者と専門家の中間に位置するＳＳＷｒが、配置校での具体的なケースへの関わりを通して、社会福祉の観点から学校と地域や保護者との連携について語ることは、地域の特性を理解した現実感を持つが故に説得力のある内容となります。また、学校の活動の可能性と限界についても、具体的なケースを示すことで地域や保護者に対して明らかにするとともに、家庭支援の観点から一方的な保護者への押しつけに陥ることもありません。

３　担当指導主事から見た配置校での共通した成果と課題

１　配置七市教育委員会指導主事とスクールソーシャルワーカーとの協働

都道府県全体でＳＳＷ事業を展開している先例が少ないため、ＳＳＷｒ配置当初は、関係する指導主事全員が配置校での活動をイメージできないとまどいと、しかし、それぞれがそれぞれの立場で本事業を支える必要があるという意気込みの中で、「走りながら考える」スタートとなりました。「走りながら考える」、例えば、ＳＳＷｒ配置前の学校の意識は、自分たちの想像を超えた発想や手段を持つ福祉の専門家がやってきて、困難なケースをさばいてくれるというものでした。しかし、学校側のこうした期待は配置直後に修正を迫られます。ＳＳＷｒの具体的な活動内容については第II部以降に述べますが、ＳＳＷｒが個人で解決した事例は皆無であったといえます。また、関係機関との連携においてもＳＳＷｒが一人で担う場面はほとんどなかったようです。つまり、配置されることで教員はさらに積極的な役割を求められることもあり、そういう学校の当初の思惑と実際の活動の乖離についての調整は、学校の意見も十分聞ける立場にある配置市指導主事に専らお任せしました。この調整において、ＳＳＷｒとの間でも活動内容についていろいろ議論されたことが、指導主事のＳＳＷｒへの理解につながり、後々の配置校のみならず配置市内の他小学校でのピンポイントの活用へとつながりました。

また、福祉部局や児童相談所、少年サポートセンターといった関係機関への紹介についても、ＳＳＷｒがどういう目的で特定の学校に配置されているかについては、普段から窓口としてお互いに見知った関係を持つ指導主事がＳＳＷｒとともに訪問し説明することで、協力・理解が得られました。ＳＳＷｒにとっても、関係機関との連絡調整において、市教育委員会とのパイプがあるというのはずいぶん心強いものがあったと思われます。

こうした例からもわかるように、私が「走りながら考える」相談相手は、ＳＳＷｒより、むしろ配置市指導主事との場合が多かったのが実状です。そしてＳＳＷｒも、ともに考える相手は配置市指導主事であることが多かったようです。配置市指導主事はいずれの伴走者でもあり、本当に頼もしい存在でありました。

しかし、担当指導主事は極端な場合は単年度で代わります。担当指導主事が代わった場合、これまでともに走ってきたからわかる必然性をどう引き継ぐか、まだ始まったばかりの事業であるだけに、そこにはシステム化というだけではとらえられない部分がある気がします。スタート時のとまどいと意気込みを大切にしたいと考えています。

2　小学校におけるプロデュースの重要性
——総合的支援というスクールソーシャルワーカーの役割

ＳＳＷｒは「事後対応」に当たる専門家ではない、このことをしっかりと押さえておく必要があります。事後対応であれば、教員が中心となって必要な関係機関との連携を緊密に行うことこそが、学校の重要な課題となり、それはＳＳＷｒが主に担うことではありません。

本来、社会福祉の専門家であるＳＳＷｒが学校に存在することの意義は、直接子どもを観察し、子どもや保護者への学校の対応を理解した上で、学校教育のプロである教員と共に、不登校や問題行動の未然防止・早期対応のための具体的な支援の方策について考えていくことに他ならないと考えています。

ＳＣとの違いをよく聞かれます。ＳＣは「心のケアの専門家」という明確な役割を持つがゆえに、保護者や児童生徒に安心感を与える役割を担っています。そこで、守秘義務という観点から学校との連携に一定の距離を置く場面も生まれます。いわば、明確な役割を担った専門家という立場のチーム構成員です。

それに比べ、ＳＳＷｒは、全体をまとめていく役割を期待されています。情報を収集し、分析共有し、関係者が役割分担してケースに当たる体制をつくりあげるための支援には、明確な役割の専門家よりも、関係者のモチベーションを高めながらチームとしての結束力を構築し、総合的な支援を確立するための広い知見と説得力が必要です。そのためには、ケースやそれに関わる関係者の特性に応じ自分自身の役割も変化させたり、黒子として自分自身の存在を消さねばならないこともあります。ＳＣとの違いは、こうした役割の曖昧さにあると考えます。曖昧さとは、責任の所在を不明確にすることではなく、それぞれ関係者の役割を支える土台としての柔軟さといえるのかもしれません。

これは、特に、小学校での必要性が叫ばれながらなかなか実現しないコーディネートの役割につながります。様々なケースの報告を見るにつけ、管理職や生徒指導担当教員とともにＳＳＷｒが専門的見地からの「まとめ」役を担うことで、小学校教員の「学校組織におけるコーディネートの必要性」についての理解は確実に深まっていることがわかります。

3　教員の福祉的な手法に関するスキルアップ

小学校教員の福祉的な手法に関するスキルアップとは、つまるところアセスメントとプランニングの力量をつけることに他なりません。アセスメントやプランニングの有効性を示すためには、ケース会議を行うことが手っ取り早いということは、配置当初からSV（スーパーバイザー）やSSWrが言い続けてきたことですが、現実には、ケース会議を実施することはなかなか困難でした。新たな取り組みへの抵抗感を払拭できるほど、ケース会議の意義への理解が進まなかったからです。

しかし、一年間のSSWrの活動を経て、その重要性が配置校全体の共通理解となりました。その変容に至るプロセスは、どの小学校においてもSSWrを交えた実際のケースへの対応のプロセスに重なります。

学校だけの対応では限界のあるケースにSSWrが関わりチームで支援することで、膠着していた状況が改善され児童や保護者に変化が現れ、チーム支援の有効性が実感されます。そのことがチーム支援を機能的に行うために合理的な手段としてのケース会議の重要性への意識を向上させることにつながりました。そして、ケース会議を短時間に高密度に行うための情報収集と情報管理の必要性とそのための体制づくりが理解されるようになったのです。

学校現場に外部から支援が入る場合、ともすれば、まず「形を整える」また「改める」ことを求めがちです。あらたな形での取り組み自体が現状打破の近道であると考えるからです。しかし、学校現場はそれでは動きません。学校が、自ら創り上げてきた組織を大きく変革する最も大きな原動力は、「それがこれまでの取り組みよりも子どもにとって有効である」という実感に他なりません。

そういう意味において、ケース会議の定着はボトムアップの成果であったと考えます。

ただ、配置市の指導主事からは、「ケース会議によって行動の方針が明確になり教職員が自信を持って子どもや保護者に向かうようになった」という成果の一方で、「問題行動等の対応については危機意識にかける教職員もまだまだ多く、即時に集まり計画を立てるのではなくＳＳＷｒにうながされる傾向がある」との指摘もあります。

「形を整える」ことと「形に魂を入れる」こと、それが不断に行われることこそ重要です。形を整えることの重要性は、ＳＳＷｒの一年間の活動によって認知されました。しかし、その形が手段であって目的ではないということを常に意識するためには、管理職のリーダーシップとキーマンとなる教員の存在、そしてそれを取り巻くスタッフが必要不可欠です。

小学校の生徒指導体制の大きなポイントは、ケース会議が必要か否かを判断できるスタッフが組織に位置づくことだと思います。そして、スタッフによる方針と戦略・企画力がなければ、結局、ＳＳＷｒという人材が配置されたことだけが強調され、本来の配置目的である教員によるアセスメントやプランニングを通した学校力の向上という視点が欠けた成果につながりかねません。

さらに、「形に魂を入れる」という点で、ケース会議と情報交換とを混同することも懸念されます。小学校では、「子どもを語る」校内研修会がもたれます。それがケース会議に当たるかどうかは、その場がアセスメントとプランニングの場になっているか、つまり、参加している教員が次回会議までにそれぞれの役割を担って取り組むことが明確になっているか、否かによります。単に「語って終わり」の場にせず、語った教員が支援を受けられるような体制を整えることも「魂を入れる」という点で重要です。

第5章　各市町村の工夫

1　学校と共につくる家庭支援――市スクールソーシャルワーカーから

1　スクールソーシャルワーク活動にいたる経緯

Ａ市では平成一六年度より、家庭支援事業の一環としてＳＳＷｒを小学校に派遣し始めました。日本ではまだ前例が少ない中で、福祉の視点をもった相談員として、ソーシャルワークにおける援助の基本に沿いながら、多岐にわたるソーシャルワークのどの技術をどのように学校現場で生かせるのかということを、教育委員会とＳＳＷｒが共に探りながら展開しています。

２　スクールソーシャルワーク活動の展開

学校の受け入れ体制

最初に配置されたＢ小学校は全校生徒が四〇〇人程度の小規模校で、複数の学年で学級崩壊が起こっている状況にありました。出勤するとまず校長先生との打ち合わせから始まり、ＳＳＷｒの勤務日外に起こった気になる出来事について伺い、どのように対応していけばよいかを相談しながら実際に教室へ様子を見にいったり、担任の先生から話をきいたりというふうに展開してゆくのがケースの始まるひとつのパターンとなっていきました。このように活動を展開できたのは、校長先生自身が各学年で起こっていることや、問題行動を起こしている子どもについて大概にして把握しており、また、各学級で起こっている問題については学校全体で取り組んでいくという学校としての特色があったことが大きく関係しており、ＳＳＷｒが教室に出入りすることについても理解が得やすく、大きな問題は起こっていなくても学級の一人ひとりのことを知っておいて欲しいと、積極的に学級の様子や家庭的な要因で配慮が必要な子どものことについて話す場を設けてくれた学年もあったほどでした。

また、職員室に机を置いて頂いたおかげで自然と学校内に居場所ができ、休み時間などのちょっとした時間に先生方と話ができたり、打ち合わせができたりすることもありました。授業の様子を見て回ったり、給食交流に入ったり、子どもたちと一緒に掃除をしたり、休み時間に遊んだりして、普段から子どもたちの様子をみながら共に過ごすことで、なにか問題が起こったときに早期にアプローチを始めることができ、深刻化する前に解決の糸口をみつけられることも多くありました。

コンサルテーションの鍵

勤務は週に二回、一〇時から一七時の七時間の設定で始まりましたが、勤務時間内に仕事が終わることは次第に少なくなっていきました。なぜなら、学級担任をしている先生とゆっくり話ができるのは、授業が終わって子どもたちを帰宅させた後の時間になってしまうからです。そして、問題行動を繰り返す児童を学級に抱える多くの先生が、学級経営に悩みながらも、日々の授業や児童への対応に追われ、客観的に現状をふりかえる余裕がなくなってしまっていることに気がつき、授業中や休み時間、友人関係などを観察し、時には実際に関わる中でみえたことを担任の先生にフィードバックする機会が増えていきました。これは「コンサルテーション」と呼ばれるＳＳＷの活動のひとつです。

例えば、問題行動をおこしている子どもがいたとしても、福祉的な視点からみると、その子自身が問題なのではなく、なにがその子に問題行動を起こさせているのか、という発想につながり、そして、その子をとりまく環境を調査し掘り下げていくことで、潜んでいる本当の問題にたどり着くことがあります。このような視点をもってコンサルテーションをおこなうことで、目の前でおこっている問題行動をやめさせることのみを目的とした指導を繰り返すのではなく、また、問題そのものを解決することだけにとらわれずに、その子自身がもっている可能性をさぐりはじめます。そうすることで、少しずつ変化がみえはじめるのです。「コンサルテーション」の大切な機能は、教育のプロである先生の力をいかにひきだすかにかかっています。

チーム体制の実際

また、「チーム支援」の一員として、教室で児童が問題行動を起こしたときに対応に入ることもあります。近年、様々なところから専門的なアドバイスを得ることはできるようになってきていますが、実際の学校現場で問題行動を起こしている子どもを目の前にして、その専門家からのアドバイスをどのように生かして対応すれば良いのかと葛藤を抱えている先生は少なくはありません。そこで、その子にとってより良い方法を共に探りながら、校内での支援体制を共に整えていきます。そのような活動をする中で、関係機関と連携をとりながら担任や管理職と共に相談機関に出向くことも、外部との連携を学校に意識してもらうためには必要なことだということが分かりました。また、SSWrが関わるケースでは、学年が変わるときには児童の新しい担任の先生に細やかな情報提供ができるという利点があります。また、継続して関わることも可能なため、関係機関で連携をとっているケースであっても、容易に新たな学年へと橋渡しをすることができます。

拠点があること

続けて配置されたC小学校は大規模校で、保健室を拠点に相談活動にあたって欲しいという学校側の依頼に基づいて、週に一回、養護教諭と共に活動することになりました。保健室は身体だけでなく、こころの調子を崩しつつある子にとっても休憩のために訪れる場で、養護教諭が気になると話してくれた子どもの多くがその後、なんらかの経由でケースとしてあがってきました。さらに、C小学校では不登校が数ケースあり、また、養護教諭が以前より「保健室登校」に取り組んでいたことから、自然に不登校の子どもに関わることが増えていきました。具体的な活動としては、保健室に児童用の机を運び入れて、より積極的に保健室を居場所として開放すると、不登校を続けていた幾人かの子どもが保健室を起点に登校し始めるようになっていきました。

ケース会議への発展

その後、大学生の学習ボランティアや適応指導教室の指導員が保健室登校の児童と関わるような体制が整っていきましたが、様々な立場にある人が関わるがゆえに互いがどのように動いているのかが分からないという問題がもちあがり、「校内ケース会議」をたちあげることになりました。ケース会議は管理職・不登校担当教員・担任・養護教諭・適応指導教室指導員・SSWr・その他関わる教員で、概ね月に一回程度開き、それぞれが対象児に対してどのような働きかけをしたかということの報告をおこない、その後、引き続いてどのような取り組みをしてゆくのか、誰が何を担当するのかについて話しあいました。ケース会議を始めた当初はそれぞれの関係性の中に摩擦が生じていましたが、対象児の現状を共通理解し、何を目的として次に続く取り組みをしてゆくのかということを毎回のケース会議の場で確認し、共に取り組みを続けたことで、次第にエンパワーされていったように思います。子どもに関わる者同士がしっかりと互いの役割を理解しつながりあうことで、はじめてチーム支援が成り立つということが、ケース会議を継続するなかでわかりました。

保護者からの相談

また、Ｃ小学校では空き教室を利用して保護者向けの相談室を開設したことから、保護者から直接入る相談が増えました。保護者からの話をきいて、担任の先生に学校での様子を伺ったり、実際に教室へ見に行ったりして、またその様子を保護者に丁寧に返していきます。そうしたやりとりを続けていくうちに、実際に子どもに関わらなくても問題行動がおさまることも少なくはありませんでした。保護者からじっくりと話を聴きながら、問題視されていることを一緒に整理することで、保護者自身が落ち着きを取り戻していきます。また、相談を受ける中で、他機関への紹介や連携が必要な場合には学校と相談し、コーディネーターの役割を担うこともあります。つなげた機関にその後の経過を確認することも心がけていることの一つです。相談室へは様々な相談が持ち込まれますが、学校や担任の先生に直接伝えにくいことなどの「代弁」や「関係調整」を求められることがしばしばあり、時には学校と保護者との話し合いの場に同席することもあります。これもまた、ＳＳＷｒが担える重要な役割だと考えています。

配置校以外の活動

その他、配置校での活動以外にＳＳＷについての研修や保護者会へのサポート・保護者対象のワークショップなど、活動の場が広がっています。また、活動が広がるにつれて、配置校以外からの依頼も増えてきています。配置校以外のケースでは、まず、打ち合わせとして学校を訪問し関係する教職員からケースの概要について聞き取り、現状を整理するところから始まりますが、緊急を要するケースや学校側の準備が整っている場合はそのままケース会議に入り、それぞれの役割を明確にして支援が始まります。一回で終わることもあれば、数回にわたる場合もあります。さらに、まだ少数ですが配置校以外の保護者から教育委員会を窓口として相談を受けることもあります。Ａ市教育委員会ではネットワークづくりに積極的に取り組んでおり、ＳＳＷｒの導入だけでなく、教育相談室に臨床心理士を配置し、適応指導教室、家庭児童相談室などの関係機関が日頃から交流をもち、それぞれの立場から役割を担い、チームとしてケースにあたることも少なくはありません。そして、各関係機関、学校関係者及び、協力者に呼びかけ、不登校を中心にした情報交換や長年子どもの支援に取り組んできた大学教授からのアドバイスを受けられる「スーパーバイズの会」も定期的に設置しています。このようなＡ市の学校支援のネットワークの中で、ＳＳＷｒはその一機関として有効的に活用されています。

スクールソーシャルワークの意義

ＳＳＷｒ導入に関して、Ａ市教育委員会の指導課長は次のように述べています。「これまでの学校へ入るサポーターは学生が先生を手伝うというイメージだったけれど、ＳＳＷｒは違っていた。学校が保護者に言いにくいこと、保護者が学校に言いにくいこと、特に支援が必要なケースでは両者が対立してしまうこともあるが、ＳＳＷｒはあくまでも子どもを中心に子どもと学校、保護者とをつなぐという役割を担ってくれた。学校の取り組みが学校に不信感を抱いている保護者にはなかなか届かない。その中で追い詰められている先生も多いが、ＳＳＷｒが先生に寄り添い、保護者に寄り添い、その間の調整に入ることで両者が同じ方向を向いて動くようになった。学校の危機感がＳＳＷｒを導入することで和らいだ。活動を続けていく中で、これからの教育の現場で必要とされる第三者的機関を担えるのではないかと考えている。」

2　学校へのアウトリーチと教育委員会のシステムづくり——市教育委員会から

1　学校の現状からの出発

友だちとの関わりが苦手な小学校中学年の子が、ある日突然「先生、お願い。宿題を出さないで！」と教室で泣き叫びました。彼の母親は、保健師から子どもの障害受容についてアプローチされていたにもかかわらず、「自分の息子に障害などあるはずがない」と信じ込み、家で子どもに付きっ切りになって、暴力的に宿題を強制していたのです。「俺はもっとつらい思いをしてきたんや」と言いながら、同級生を殴る小学校低学年の子。彼は幼児期に母親の内縁の夫から暴力を受けていました。

このような子どもの家庭背景や課題は、もはや学校（教育）だけでなんとかできるようなものではありません。しかし、これまで多くの学校では、子どもの課題を福祉機関等の関係機関との連携を通じて解決していこうという発想はあまりありませんでした。そのために対応が表面的になってしまったり、支援や解決の方策の糸口すら見つからない状況に陥ることも多々ありました。そこで、私たちは、子どもが表出している行動の水面下には、親自身のもつ不安や困難さ（生活基盤の弱さ、未成熟）過保護・過干渉などの家庭要因や社会状況、一人ひとりが個別に抱えている問題が複雑に絡み合っているととらえ、その子どもの家庭そのものを支援できるよう、学校や保育所だけではなく福祉機関等関係機関との連携と協働の中で構築するようめざしました。取り組みを通じて大切にしたのは、学校現場の先生方に子どもや家庭の背景をしっかりととらえたうえで支援ができる力をつけることでした。

2　児童相談体制の整備を通しての子育て支援課・健康課との連携

平成一七年四月の児童福祉法の改正等により、本町でも教育委員会学校教育課と健康福祉部子育て支援課・健康課で既存の相談システムをいかしながら要保護児童地域対策協議会の立ち上げに向け、連携をはじめました。「形式的なものを作るのではなく、学校や保育所等の子どもたちの現状をきちんとふまえたものにしよう！」ということを合言葉に、教育委員会指導主事の私と子育て支援課の保健師等が日常的な連携の延長として保育所や小中学校を一緒に巡回しながら、要保護ケース（虐待、非行・不登校、障害）について学校や保育所の思いや悩みを聞き取りました。そして、それらのケースを行政に持ち帰り、顔を突き合わせてその支援方策について検討し、その内容を学校等にフィードバックし、必要に応じてカンファレンスで検討していけるようなしくみづくりをしました。この巡回では「学校等では、どうしても目に見える子どもの現象のみに目を奪われてしまいがちだなあ」「福祉的な視点から見るとリスクの高い家庭のケースに、充分に気がついていないなあ」という実感をもちました。しかし、この地道な動きこそ、学校等でカンファレンスが根付いていくための土壌づくり（耕し）の作業でした。

3　小学校における「ソーシャルワーク推進事業」

次にもう一つ。福祉部局と連携しながら親支援の視点で学校を後押しするモデル事業として、大阪府教育委員会から「家庭の教育機能総合支援モデル拡充事業」の委託を受けました。町内の一つの小学校に家庭の教育機能を支援するための専門相談員等のサポートチームを派遣し、スクールソーシャルワーク的手法で事業を展開しました。具体的には、専門相談員が従来の学校にはなかった福祉の視点で、学校や校区の状況・子どもに関わるすべての背景や状況をふまえ、相談室での面談や家庭訪問を通じて子どもや保護者から教員には話しにくいことを聞き取ったり、校長の指示のもと必要な関係機関（保育所・中学校・健康福祉部・学童保育所・子ども家庭センター・医師等）との調整・連携を進め、教員と役割分担をしながら家庭支援の視点から個別ケースの解決に努めていきました。この事業でも、私と子育て支援課の保健師等がチームを組んで、日常的に学校に足を運び、教員の生の声を聞き取りました。そして、できるだけカンファレンスを開くよう調整し、多様な視点で子どもや家庭をとらえる大切さを、実際のカンファレンスを通して体感してもらいました。

4　学校現場に切り込むために

とはいえ、学校に教育委員会の指導主事や福祉関係者が日常的に入り込み、外部の専門家等ともつなぎながら、真の意味で連携・協働するのは、容易なことではありませんでした。なぜなら、学校は教育という専門性からある意味〝閉じた社会〟であり、「子どもに関わることは、すべて自分たちで解決するのだ」という責任感が強いところです。教員の中には、「何で教委や福祉の人が入ってくるねん。外部の人にそんなことされたら、教員と子ども・教員と保護者との信頼関係が壊れてしまう」とか「何か外部の人にいつも見張られて、評価されているみたいで窮屈だ。」というような思いがありました。また、反対に「課題を抱えた子どもや保護者を別の人が面倒みてくれるのなら、丸ごと任せよう。その代わり、自分は他の子どもの面倒をみよう」というような意識も見え隠れしました。

そこで、まずモデル事業では、具体的な支援方策を提示し、学校がケースを丸投げしないような体制づくりをすすめました。もちろんそれには、学校経営の中心である当該小学校の校長先生のやる気と強いリーダーシップが支えになりました。私たちは校長先生と学校が何に困っているのか、どんなケースに困惑しているのかを徹底的に洗い出した後、専門相談員を起爆剤にして、できるだけ多くの教員を巻き込みながらカンファレンスを積み上げていくことで、校内に情報だけでなく課題を共有できるシステムづくりをしました。もちろん、事業の進捗状況と成果については、校長会で共有したり、生徒指導研修等で機会のあるごとに紹介もしていきました。

5　学校力をつけるために

モデル事業で得たノウハウをいかしながら、巡回で学校が困っている・課題ととらえているケースを拾い出し、アプローチすることも怠りませんでした。そのようなケースについて、カンファレンスを開くことで、各校が関係機関と連携しながら子どもの課題解決ができるような土壌づくりに努めました。しかし、「カンファレンスって、何？　どうすすめればいいの？」「うちには、カンファレンスをコーディネートできるような人材はまだいないよ」という声があがったのも事実です。子どもの課題をとらえるためには、子どもを多角的に見ることが必要で、多くの専門職の目から見た情報を持ち寄り、見立てをし、その支援方針を決め、役割分担してかかわることが重要です。また、一人の子どもの課題を家族の状況（健康、性格、夫婦・家族関係、仕事、養育力など）、子どもの状況（健康、発達、性格、友人等対人関係、親子関係、情緒、行動面、子どもの言葉）、経済状況、地域社会との関係、今まで関わった関係者（担任、生活指導、管理職、教育相談、病院、生活保護担当）の経過と見方が必要ですが、そんなことはなかなか言葉で伝えたところで、一朝一夕には理解されませんでした。そこで、私たちは見立て（アセスメント）に必要な具体的項目をのせたカンファレンスシートを示したり、「この子どもは検診でフォローになっていたのに、親族等が理解を示さず、うまく支援のためのアプローチができていなかったんだ」「この家はひとり親家庭だと思っていたけど、実は内縁の男性が出入りしている」というような情報を（要保護児童地域対策協議会の枠組みの中で、守秘義務の共有という視点をふまえ）共有し、学校や各教員から「実は、母親の対応に困っていた」「この家の夫婦関係はどうもいびつな感じがしていた」というような本音を引き出し、カンファレンスの動機づけをする工夫もしました。

6　カンファレンスの前裁きと後裁き

さて、学校（教員）にカンファレンスを意味あるものと認識してもらうのに一番重要だったのは、カンファレンスの前裁きと後裁きでした。「カンファレンスをやってよかった」「展望が持てなかったケースに少し光が見えた。これで、子どもが楽になる」と学校（教員）が感じるのは、見立てがきちんとでき、支援の目標や役割分担が明確になった時です。とはいえ、カンファレンスに慣れていない学校で、それをすすめることはなかなか困難なことでした。

そこで、学校で行うカンファレンスの司会とコーディネートは、すべて指導主事の私が務めました。しかし、カンファレンスの円滑な進行は当日だけでできるものではありません。事前にそのケースについての情報の整理と課題の確認をしなければ、当日のカンファレンスでポイントを明確にすることはできません。そこで、毎回開かれるカンファレンスの前には、私と子育て支援課の保健師等で一時間以上かけて、これらすべてを打ち合わせる作戦会議を開き、カンファレンスのシナリオまで作りました。もちろん、そのためにはそれ以前に、私は学校がつかんでいる情報、担任が悩んでいるポイント等を正確に把握しておく必要がありましたし、子育て支援課の保健師は関係機関との日程調整から情報の収集、機関による情報内容や視点のズレ等もつかみ、緻密にすり合わせをしておく必要もありました。また、カンファレンスの前には作戦会議をふまえ、その目的や意図を丁寧に学校に説明しにも行きました。しかし、この作業こそが、学校にカンファレンスを根付かせていくための重要なしかけ（前裁き）でした。当日は、参加した教員や関係者ができるだけ自然体で発言できるように配慮し、意見が行き詰まると、さりげなく事前に打ち合わせをしていた新しい視点の提示等を行いました。

次にカンファレンスの後裁きについて。まだまだ学校（教員）は、カンファレンスで関係機関や他の専門職から言われた意見や見立てについて頭では理解できていても、どこかに評価された感、何か責められた感を持ったり、決まった役割を果たせるかどうか不安になるということも多々ありました。後裁きとは、カンファレンス後にそのような思いをほぐして、実際に動き出せるようにもう一押しするしかけです。私はカンファレンス後に、日を変えて学校を訪問し、校長先生等から本音（悩みやしんどいこと）を聞き取ったり、カンファレンスで出た意見の本当の意味をもう一度わかりやすく説明し直したりしました。また、時には学校の抱いた不安を持ち帰って、子育て支援課の保健師等と話し合い、もう一度丁寧に学校に返すという粘り強いアプローチも積み重ねました。

とはいえ、それを実行していくのは、容易なことではありませんでした。なぜなら、それは私自身の内的葛藤との戦いでもあったからです。カンファレンスで出された意見は、福祉の視点から見ると、確かに納得できるのですが、学校現場（教育の場）で本当にそのような対応ができるのかどうか？　教員と同じような思いが私自身の中にも当初はあったからです。私は絶えず自問自答し、答えのでない問題へのアプローチのような気がして、しんどくなることもありました。まるで自分が、福祉と教育のはざ間で股裂き状態になっているように思えることもありました。しかし、そんな時は、そのことを本音でとことん仲間の保健師等に聞いてもらい、話し合いました。すると、「子どもを真ん中に置いて動くと言うことは、福祉だとか教育だとかいう範疇で考えることではない。子どもにとって今必要なことをできる立場にある人がするだけだ」という当たり前のことに気付いたのです。今もそうですが、このかけがえのない仲間とのつながりは、私自身の大きなエネルギーになっていますし、学校への後裁きをする大きな支えになりました。

7　成果について

２節冒頭で紹介した小学校中学年の子は、カンファレンスの結果、担任と専門相談員のアプローチにより発達相談につながり、母親の障害受容がすすみました。その結果、彼自身も落ち着きました。また、小学校低学年の子のケースは、関係機関が連携しながら継続的にカンファレンスを実施し、必要に応じた役割分担で支援を続けています。結果として、彼は周りの子どもとつながりながら穏やかに行動できるようになり、家庭と学校との信頼関係も生まれています。

次に、モデル事業の方は、年度末の総括会議で「専門相談員に保護者が学校に言いづらかった内容を話せるようになり、精神的に安定した。結果として、家庭内で子どもの接し方にも変化が見え始めた」「学校と家庭の間に外部の人材が介在し、それぞれの思いをつなぐ役割を担うことで、それまで多くあった保護者の不合理な学校不信や苦情がほとんどなくなった」「学校に激しくクレームを言ってくる親は、むしろＳＯＳを出してる親だととらえることが大切だとわかった」というような意見が教員や専門相談員から出ました。また、子育て支援課からは「担任だけが抱え込むのではなく、カンファレンスを通じて、課題をもつ子どもにチームで対応できるようになった。子ども自身、自分が大切にされていることを実感できるようになってきている」「学校や保育所で、親支援を継続しながら、親どうしも子どもと同じようにつながりながら育つしくみづくりが必要だ」というような意見も出されました。何よりこの事業では、学校と保育所・学童保育所との日常連携が大きくすすみました。今では、夏休み中等には小学校の教員が学童保育所に行き、気になる子どもと一緒に学習したり、昼食を一緒に食べることが当たり前になってきています。

次に、カンファレンスが動き出した小中学校からは「カンファレンスをやってみて、意見が違うことも大切なんだ。違った視点で見つめていくから気づくんだ」「教育委員会や子育て支援課がチームでカンファレンスに来てくれるので、子どもや家庭の課題を再認識できた」「学童保育所には、学齢期の子どもの生活をとらえる視点やヒントがたくさんあり、連携をすすめることは、非常に重要だった」「健康課の乳幼児健診の結果や検診時の母子の情報は、子どもの生育歴や家族の生活歴を考えていくうえでとても役に立った」というような声があがっており、次への一歩となっています。また、平成一八年度には、同じような取り組みを保育所でも始めています。

8　今後の展望

学校へのアウトリーチ。言葉で言うのは簡単なことですが非常に手間のかかる、しかし、とても大切な取り組みです。子どもや親に関わる人々が、子どものことを真ん中に置いて、本音でつながりながら協働できた時、はじめて取り組みが本物に変わることを私は実感しています。

3　スクールソーシャルワークの視点から子ども家庭相談体制づくりへ――市相談室から

1　熊取町におけるスクールソーシャルワークの視点

熊取町は大阪都心部から約三五㎞の距離で、関西国際空港の東に位置する人口約四万四〇〇〇人の町です。豊作を願う「だんじり祭り」に象徴される農業や「和泉木綿」で知られる織物業を生業とする町でしたが、昭和五〇年代からベッドタウン化が進み急速に人口が増加しました。

そんな中、共同保育所や学童保育所、文庫活動など様々な住民活動が生まれ、それを支援する公(行政)とのパートナーシップで子育て支援は発展してきました。しかし、それらの住民活動と小中学校・幼稚園・保育所等との連携は十分とは言えず、それぞれの機関が目の前の課題について精一杯取り組んでいるのが現状でした。「〝点〟の活動を〝線〟に、そして〝面〟に広げていく」、児童虐待・いじめ・不登校等、子どもや家族の課題が深刻化・多様化する中、もはや一機関だけで対応することは限界の状況の中、全ての機関にその必然性が生まれていました。一方、児童福祉主幹課においては、児童福祉法の一部改正に伴い、子ども家庭相談業務の充実を図ることを目標に、福祉・教育・保健の協働体制づくりを模索し始めていました。

その様な地域全体の到達と展望の中で、「ＳＳＷ」に出会いました。

熊取町のＳＳＷは、「学校」に「福祉」の視点を取り入れる、つまり生徒指導上の家庭の課題に対応するためだけのものではなく、ましてや「学校」へ「福祉」が乗り込んでいくものでもありません。ＳＳＷの視点を用い、福祉・教育・保健等全ての機関や住民が大きな「面」となり、〇歳から一八歳の子どもの育ちを支えていこうとするものです。そして、子ども一人ひとりの人間性が尊重され、自立した社会づくりを目指すものです。

また、ＳＳＷの取り組みの中で、もう一つ大切にしている視点があります。それは、そのプロセスでソーシャルワーカー・教師・保育士・保健師等の専門職が、そして親たちが「育ち合う」ということです。

子ども一人ひとりが人格を尊重され自立した人間へと成長するための保育・教育、そして子どもを育てている親の自立への支援、支援する関係者自身の自立、それらが重層的に積み上げられなければＳＳＷは「机上の空論」に過ぎません。

特に私たち「専門職」と言われる関係者は、自分の至らなさを素直に受け止め、周囲に助けを求められているでしょうか。助けを借りることは恥ずかしいことと思ってはいないでしょうか。また専門性という枠におさまり、新しい課題は専門外に位置づけてはいませんか。意見されたら「責められた」と感じ議論を避けてはいませんか。

例えば「(先進的取り組みを聞き）個人としては理解できるけど、自分の学校ではとてもできない。」「自分の子育てはこの園の様なやり方ではないけど、仕事だから……。」そんな先生の葛藤を耳にすることがあります。大きな組織の中で、自分の意見とは違っていても組織の意見に合わせているということは、日本社会全体によくある話です。「育ち合う」とはつまり「自分の思いや意見を言葉にする」「相手の意見に耳を傾け、再び自分の意見と向き合う」そんな力を養っていくということです。酒の席や親しい人への愚痴でしか気持ちや意見を言葉にできないのではなく、公の場で「子どもの育ちを中心に置き、現場の意見を言葉にし合い、本当に必要な実践を行っていく」ことです。

熊取町の子ども家庭施策は日々発展の途上にあります。そして日々、悩みと葛藤の連続です。しかし、悩み葛藤し続ける力とそれを支え合う仲間を大切にし、変化し続けるものでありたいと願っています。

スクールソーシャルワークの視点を活かしながら、熊取町の歴史や風土、そして何よりもそこに暮らす人々の生活を大切にしたい思いから生まれた「熊取町における子ども家庭相談体制」について紹介します。

2　子ども家庭施策と「子ども家庭課（子ども家庭相談体制）」ができたプロセス

1　行政計画づくり

「みんなで子育て計画（母子保健計画）」の策定、そして「次世代育成支援対策地域行動計画」の策定

母子保健法の改正に伴い、平成九年より母子保健の実施主体が市町村に移管されました。熊取町においては、平成九年度母子保健計画を策定、平成一三年度に母子保健計画を見直すとともに、新たに「みんなで子育て計画」を策定しました。この計画は、ヘルスプロモーションの理念に基づき、計画づくりのプロセスを重視し、多くの住民参画でつくられた点に特徴があります。子育て中の親二〇名のワーキングは年間三〇回の会議を重ね、インタビューやアンケートによるニーズ調査を事務局とともに行いました。その中で、子育てが困難になっている現実を突きつけられました。「虐待は一部の家庭に起こっていることではない」「親が親として育つ過程を支援しなければ、子どもの成長・発達が危うい」という危機感をつのらせたのです。

また、計画づくりを通し、地域や関係機関との距離が一気に縮まりました。と同時に、各々一生懸命取り組んでいるものの、連携が希薄で地域課題への共通認識が弱いため、地域全体として成果を上げにくい現状を確認しました。地域課題を共有し、課題解決できるような地域づくりを目指し、

「子育て関係者連絡会議」「子育てコミュニティネットワーク会議」を設置しました。しかし、会議では「課題の共有」が限界であり、福祉・保健・教育がそれぞれの取り組みに踏み込み合って議論すること、議論の結果を事業に活かすことは困難でした。

「〇歳〜一八歳の子どもの育ちを地域全体で支える仕組みづくりとその推進体制が必要」という課題に直面し、平成一七年度策定の次世代育成支援対策地域行動計画において、子育て施策を総合的かつ効果的に推進する組織の設置を重点施策と位置づけたことが出発点だったと言えます。

2 「教育」と「福祉」の出会い、そしてカンファレンスが共通言語になるまで
恵子さんとの出会い——スクールソーシャルワークの内発的必然性が生まれた

三年前の暑い夏のことです。教育相談担当の指導主事（以下先生）と保健師（当時健康課）の私、そして保健所の精神保健福祉士が、恵子さん（仮名）への面会と医師連絡の目的で精神科に同伴訪問しました。小学生のあやね（仮名）は、実母恵子さんによる激しい身体的・心理的虐待を受け、学校をはじめとする関係機関が相談支援を行っていましたが、恵子さんの精神状態が悪化し、緊急入院になったのです。緊迫した状況の中、医師に病状や治療状況を確認し、恵子さんとの面会を終え、再度学校や児童相談所と合同のカンファレンスを行い、子どもは施設入所の方向と決まりました。

被虐待体験を持つ恵子さんは、周囲の人々を信頼することができず、猜疑心や不安・孤独感に苛

まれる毎日を送っていましたが、今では地域の様々な機関や人々のネットワークに支えられ、人への信頼を試しつつ、回復しつつ、生活を続けています。

「一人の相談者との出会いが、専門職を成長させ、地域を動かす」と言いますが、恵子さんとあやねは我々に多くの学びと希望を与えてくれました。

当時を振り返り先生は以下の様に語っています。

「正直、全てが初体験でした。学校に来ている子どもの家庭背景にこの様な大変な実態があり、それも日々変化しており、その変化に臨機応変に対応し支援している保健師やワーカーの存在に光を見出しました。以前、非常に荒れた中学校の建て直しに教職員一丸となって立ち向かった経験があり、あの時、こんな関係者の存在を知っていたらもっと打つ手があったと思います。今は学校だけでは対応できない状況が増えており、学校も一生懸命なのに、家庭背景をつかんで関わらないと的外れな支援になってもったいない……。教育として、この現状（困難な家庭背景）をどうすればよいのか課題を突きつけられ、さらに、これを学校へどう伝えていけばよいのか。苦悩した結果、徹底してカンファレンスを行っていくという、僕の中の内発的必然性が生まれたと思います。そして家庭背景の問題を福祉の問題として『丸投げせず学校の可能性へ挑戦する』という僕のこだわりもこの時から始まっています。」

また、「当時は『ＰＳＷ（精神保健福祉士）』と言われても何者だろう。病院に行った時、医者には会わせてもらったけど、なぜ自分だけ母親に会わせてもらえないのだろう。俺も会わせて欲しいのに……（先生は母親と面識がなかったので保健師と精神保健福祉士が面会しただけなのですが）等々、わからなかったり納得がいかないことばかりだった。しかし遠慮と小さなプライドで聞けずに悶々としていた。」のが本音のところだったそうです。

一方私は、学校の先生方と話をすることに非常に緊張していました。「子どものことではなく親のことを伝え過ぎると、学校が拒絶反応を示さないだろうか。虐待のことをどのように理解してもらったらいいだろう。虐待を受けている子どもを理解し育てていって欲しい……。」様々な想いを持ちながら、先生の言葉に耳を傾け、自分の考えを伝えることに一生懸命でした。

「カンファレンス」が共通言語化するまで

今では保育所・学校において他機関とケースカンファレンスをすることは日常の風景になっています。保育所や学校から「カンファレンスを開いて欲しい」という希望もたくさん上がってきます。しかし、最初は他機関とのケースカンファレンスの必要性を理解してもらうことは大変なことでした。

学校や保育所と相談分野の連携はこれまでも行われていましたが、たまたま問題意識の高い教師や保健師のいるところは連携が進むが、異動すれば継続されなかったり、担当は知っているがそのことを管理職が知らなかったりという状態でした。また、学校のすることに福祉は口出しせず、福祉のすることに学校は口出ししないといった暗黙のルールがあり、お互いやっていることに踏み込んで議論することは、当たり障りの無い人間関係を壊さないために避けてきたのが実情です。

まずは学校や保育所に足を運び、話をすることから始めました。学校や保育所が苦慮しているケースを聞き取り一緒に知恵を絞ることを始めました。しかし、学校や保育所はこれまで他機関と議論する経験が少なく、「責められた感」を受けやすい機関であることに戸惑い、緊張しながら言葉を選んで発言する日々でした。家庭背景の情報を共有している時は問題無いのですが、保育所や学校の取り組みに少しでも踏み入ると「緊張した空気」へと変わるのです。「保育はきちんとやっています」「担任がきちんとやっています」と。私は「子どもや家庭の現状や課題を真ん中において、議論したいだけなのに……」と、何か不全感が残り、「こんなこと繰り返しても意味無いわ」と一緒に回っている指導主事の先生に暴言を吐いたこともあります。

それでも、カンファレンスの前には学校の立場や思いをよく理解できる指導主事の先生とシナリオを作成し、何の情報を共有し何にポイントを置いたカンファレンスとするのか入念な準備をして望む等の努力をしました。さらに、シナリオを基に、カンファレンス前には指導主事が学校訪問をし、目的や意図の丁寧な説明を行いました。終了後も学校の受け止めを確認しフォローし、カンファレンスの進め方やポイントについて総括するといった丁寧で粘り強い実践を積み重ねていきました。

何度も何度もカンファレンスをする中で、気づいたことがあります。それは、先生たちの気持ちの解放が必要だということです。周囲の評価や批判を気にして発言できない様子、弱音を吐けない様子、そんな担任を「先生はきちんとやっている」という言葉でかばう管理職。この人間関係の構図は、育児に悩みながらも相談できない親たちや本音でぶつかり合えない子ども集団の姿と重なるものがありました。「思ったこと、考えたことを素直に言い合おうよ。間違っていてもいいんだよ」というメッセージを誰もが必要としているように感じます。カンファレンス以外に、思ったこと考えたことを自由に語り合う場が必要であると考えています。

そして児童福祉法の一部改正により、子ども家庭相談に関して市町村が担う役割が法律上明確化される中、熊取町では平成一七年四月、福祉課児童福祉係という一係から、子育て支援課へと組織再編を行い、相談体制の基盤づくりが始まります。元児童相談所長と学識経験者のアドバイスも得ながら、さらに教育・福祉の協働体制の必要性を訴える理論構築を行いました。

それは「学校や保育所で表出している子どもや親の問題で学校や保育所が対応に苦慮していること」と「子どもや親の生活や生育歴または疾患や障害等に基づく今（現状）と課題」を繋げる作業です。例えば、学校において「キレ易く、感情をコントロールできずに授業を妨害する子どもの存在」は表面化していますが、子どもの器質的な障害なのか、虐待等の背景による情緒的な歪なのか。きちんとケースを見立てる（アセスメント）ことは、学校だけの情報では非常に困難である場合が多いのです。見立てられないとすれば、適切な機関に繋げて様々な現状についての情報を持ちよることが必要になってきますが、アセスメントの視点がなければどんな情報が他に必要なのか、どこに繋げれば良いのかわからないのです。熊取町では教育委員会・健康課・子育て支援課で「虐待・養護」「障害」「不登校・非行」の子どもや家庭の現状をまとめ、「非行や不登校」の子どもたちの背景と「虐待や養護」の子どもたちの背景に多くの共通点があることや、多動傾向で障害として考えられていた子どもたちの一部に虐待を受けている子どもたちが存在していること等を確認し、それをアセスメントの視点として保育所や学校へと伝えて回りました。

また、一小学校に「家庭の教育機能総合支援モデル拡充事業」を取り入れ、ワーカー等のチームサポートが学校に入り込み、教師とともに子どもと家族の課題にアプローチも行いました。本町のモデル事業の成果として非常に大きかったのは、チームサポート以外に子どもの出身の保育園や学童保育所、生活保護担当や児童相談所等様々な機関が一堂に会しカンファレンスを積み上げられたことです。施設入所を繰り返しており、子どもの状態からも地域支援の限界へのチャレンジを余儀なくされ、お互い気を遣ってはいられなくなっていたという現実から、シビアな議論が交わされました。

この様に「日々のケースへの関わりと連携」と「理論構築」、そして「モデル事業の活用」等重層的な取り組みを通して、シナリオづくりまでしなければならなかった「カンファレンスって何」

の時代から「ちょっとカンファレンス開いて欲しいんだけど」へと変化していったのです。モデル事業を実施した小学校では、校内ミニカンファレンスがあちこちで開かれ、担任が抱え込んでいた課題が表面化し、校内全体で子どもを教育していくシステムづくりが少しずつ進んでいます。

とても大変なことではありますが、「子どものことを真ん中に」その気持ちさえ持ち続けることができれば可能なことです。それでも、人間は弱いもので「責められたような気持ち」になったり、異なる意見に腹を立てたりの繰り返しです。わたしは、そんな自分に陥った時、「ああ、まだまだ未熟な自分だな」と思います。「それでもそうやって、子どもや親と歩みつづけるのが、この職業なのにだめだめ」と気を取り直します。でもどうしても、そんな思いになれない時は親しい仲間に話を聞いてもらいます。そしてやっと「子どものことを真ん中に置いていなかった自分」に気づきます。そんな日々のやりとりが、もっと楽にもっと肩の力を抜いて、多くの先生や関係者とできればいいな、そんな日が来れば「スクールソーシャルワーク」なんて言葉も必要なくなる、と考えています。

3　行政内での検討と合意

またまた恵子さんとの出会い——子ども家庭相談体制の内発的必然性が生まれた

○歳から一八歳の子どもの育ちを支えていく子ども家庭相談体制づくりの出発は、やはり恵子さんの存在無くしては語れません。恥ずかしいことに、熊取町は数年前まで公式には「虐待はない」

と回答していました。現場レベルでは多くのケースを抱えていたのですが、町全体のものになっていなかったのです。そんな中、恵子さんに出会います。日々、恵子さん宅の情報が入ってくる我々は地域で支援することは限界と判断し、虐待防止ネットワーク会議において緊急度判定（リスクアセスメント）を行いますが、何度やっても児童相談所と一致しないのです。「現状では、職権で子どもを保護することはできない。決定的な外傷等の証拠が無ければ困難」と児童相談所の担当ワーカー。「精神症状の悪化している恵子さんは、断固として子どもから離れない。子どもには解離症状も有り、このままでは子どもの成長発達が危ういので何とか動いて欲しい、子どもが育たないことはひいては親自身をさらなる困難へと導くので、子どもと親の人権尊重の視点から何とか……」と頼む学校をはじめとする地域の機関。カンファレンスは物別れに終わり、納得のいかない私たちは、部長・課長とともに児童相談所を訪れました。「職権での保護は困難である」との判断は変わりませんでしたが、このことは、町として真剣に「子ども家庭相談体制」を考えていく始まりでもありました。「職権による保護の限界」「地域の役割の大きさと体制の無さ、権限の無さ」を痛感させられたのでした。「このままでは熊取町でも子どもが虐待で命を落とすことが現実になる」との危機感がつのりました。折しも、子ども家庭相談に関する市町村の役割が児童福祉法上、明確化されようと議論されている最中の出来事でした。

４　子育て支援課の誕生から「子どもに関する相談体制検討会議」の開催、町の重点施策として

その様な経過の中で、まず、平成一七年四月福祉課児童福祉係という一係から、子育て支援課へと組織再編を行い、相談体制整備の基盤をつくりました。しかし児童福祉法の改正も伴い、児童虐待や養護に関する通告や相談が倍増し、対応が追いつかない日々が続きます。ケース対応で保育所や学校を訪問している間に、緊急対応の連絡が他校から入り、子どもが一時保護等になるといった日々の間を縫うようにして、四月より、健康福祉部・教育委員会の実務者で協議を重ね相談体制の充実に向けて案づくりを始めました。

「保健・福祉・教育の縦割りではなく、〇歳から一八歳まで総合的に子どもの育ちや親の成長を支えられる体制が必要」「子どもの家庭の問題を福祉のみが担うのではなく、保育所や学校が自分たちの子どもだと受け止め力を発揮できるような体制が必要」「子育て支援と児童相談の連動性、つまり予防から支援・治療までが一貫した体制が必要」「専門機関だけでは子どもは育たない。豊かであたたかい地域の支援を引き出せるような取り組みが必要」「子育て支援課ができるまで、障害や虐待については健康課の保健師がやってきたのが本町の特徴。非行・不登校は教育委員会がやってきた。それぞれの得意分野を活かした体制をつくろう」等々、相談員や教師、保健師がそれぞれの分野からみた現状を分析し目指す方向はほぼ一致していました。これは、これまでの粘り強い連携が集積された結果だと思います。そして「連携」から、もう一歩踏み込み、共に動ける「協働

体制」の必要性を感じていました。

さらに、七月より、健康福祉部長・教育次長以下係長級までが一堂に会し「子どもに関する相談体制検討会議」を開催しました。子ども家庭相談から見える子どもの育ちや子育ての現状と課題を共有し、福祉・教育・保健が各々の事業に取り組むだけでなく、総合的に子どもの育ち・子育ての課題に取り組むことのできる体制の整備が必要であることを共通認識しました。しかし、当初は「あまりに大きな課題で整理がつかない」「協働体制といっても具体的にどの様な体制が可能なのか」「子育て支援課ができたばかりなのに、人事や財政も含む話であり原課だけでは判断できない面も大きい」等議論は混乱していました。それでも議論を継続し、一〇月には福祉・教育・保健の協働体制としての「子ども家庭課（案）」を作成しました（図2）。

5　「体制は充実したいが、財政難と行政改革」をどう乗り越えるか

一方、「子ども家庭相談体制の整備」は町の重点施策に位置づけられていました。「子どもに関する相談体制検討会議」で協議された案を、さらに、政策推進部局と協議の場に上げ再検討することを繰り返し、実効性のあるものに練られていきました。

政策推進部とは、他の子育て支援施策と子ども家庭相談の違い、長期展望として子ども家庭相談を民間ではなく公として行わなければならない根拠、最小限のコストで最大の効果を上げる方法等の議論が中心となりました。担当者で話し合い、理論構築するとともに、教育委員会、健康課、子

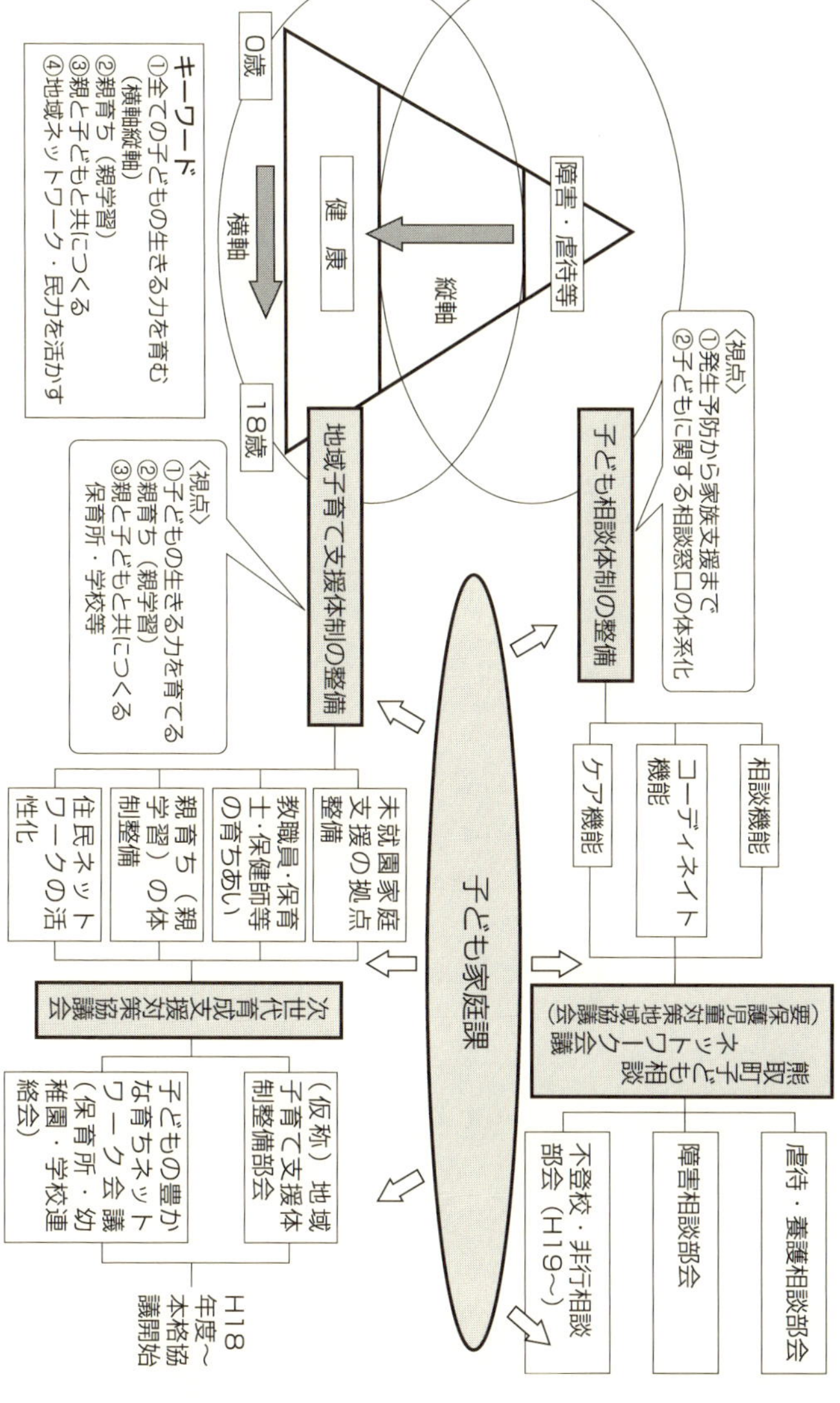
キーワード
①全ての子どもの生きる力を育む
（横軸縦軸）
②親育ち（親学習）
③親と子どもと共につくる
④地域ネットワーク・民力を活かす
0歳
18歳
健　康
横軸
縦軸
障害・虐待等
〈視点〉
①発生予防から家族支援まで
②子どもに関する相談窓口の体系化
子ども相談体制の整備
相談機能
コーディネイト機能
ケア機能
熊取町子ども相談ネットワーク会議
（要保護児童対策地域協議会）
虐待・養護相談部会
障害相談部会
不登校・非行相談部会（H19～）
子ども家庭課
地域子育て支援体制の整備
〈視点〉
①子どもの生きる力を育てる
②親育ち（親学習）
③親と子どもと共につくる
保育所・学校等
未就園家庭支援の拠点整備
教職員・保育士・保健師等の育ちあい
親育ち（親学習）の体制整備
住民ネットワークの活性化
次世代育成支援対策協議会
（仮称）地域子育て支援体制整備部会
子どもの豊かな育ちネットワーク会議（保育所・幼稚園・学校連絡会）
H18年度～本格協議開始

図２　熊取町における子ども施策の充実　デザイン図

育て支援課が従来より行っている相談関連の予算を持ち寄り組みなおす等、経費の節約に努めました。また、これまでの一連の取り組みをモデル事業とし大阪府へ提案し、新たな補助金の歳入を得ることもできました。こうやって、現場の必要性と行革の視点も兼ね備えた「熊取町子ども家庭相談体制」ができあがっていったのです。

最終、町長や教育長の理解の中でビジョンは現実となりました。様々な部署でたくさんの人々が議論し骨を折った中で「子ども家庭相談体制づくり」が進んだことを真摯に受け止め、地域の子どもや家庭の支援を行っていきたいと思います。

この「子ども家庭相談体制」の中核をなす子ども家庭課は、教育委員会（指導主事）、健康課（保健師）からの兼務職員をおき、福祉の専門職員を採用し、今まで積み重ねてきたＳＳＷ的活動――学校への「出向き」を指導主事と積極的に行う活動――をベースに実践しています。

3　子ども家庭施策と「子ども家庭課（子ども家庭相談体制）」の展望
――地域のプロデューサーとしての「子ども家庭課」

今だから言いますが、係長になったばかりの私は、それまで保健師として現場しか経験が無く、予算編成も執行も、政策推進部局によるヒアリングも、モデル事業への提案も全てが初めてのことばかりでした。また二名しか配置されていない係のため、子育て支援業務全般、調査報告や支払い業務も行っていました。

そんな日々で学んだことは、「仲間を増やす」ということです。自分一人では何もできません。自分と意見の異なる人に反発し敵対しても、地域の子どもや家庭を育むことはできません。専門職は専門職の中で専門領域の話に終始してしまう傾向がありますが、それでは何も解決しません。

地域の現状を一番捉えている部署としての誇りを持ち、専門的な知識を駆使し提案できるものを、行政内のルールに則り、誰もが理解できるように伝えていくこと、そしてそれを地域に広げていくことが私たち行政で働く専門職の役割だと考えます。つまり、「地域のプロデューサー」的な役割が課されていることを自覚しなければなりません。

「地域プロデュース」とは、つまり福祉分野で言えば「ソーシャルワーク」であり、保健分野で言えば「公衆衛生活動」だと私は思っています。

仲間がいれば、持っている力の二倍も三倍もの力を発揮できます。子どもや子育てをめぐる課題の大きさに絶望的になる時もありますが、学校や保育所、地域が、小さなプライドや緊張感から解放され、仲間になり、自分たちでも信じられない底力を発揮できるようになれば、未来に光が見えてきます。

第II部　スクールソーシャルワーカー学校に入る

ワーカーは実際に学校でどのように働いているのでしょうか、学校にいる意味があるのでしょうか、何が社会福祉固有なのでしょうか、それぞれのスクールソーシャルワークの事例を紹介しながら、考えてみたいと思います。

第1章　校内での苦悩の取り組み——非行

1　「教師と思ってなめるなよ！」

「おまえが暴力振るったんやろが！　教師と思ってなめるなよ！　おまえ、土下座して謝れや!!」

小五の裕史とその友人が教師一人を取り囲んでいます。担任菅先生の注意が気に入らなかった裕史は、手近なものを投げ暴れ始めたのです。興奮した裕史の腕をつかみ菅先生は彼を静止。

「痛い！　腕が折れた！　暴力や！」

彼の訴えに同調するかのように、友人らも口々に叫びます。

「ひどー!!　大人のくせに暴力使うんか。おまえ、訴えてやるぞ！　知らんからな！」

危険な行為を止めたのだと、冷静に語りかける菅先生ですが、

「謝れ！　謝れ！」

と彼らの声は荒々しくなるばかり。「落ち着いて話そう」という先生と、「土下座せな動かへん！」とすごむ裕史。そこには張り詰めた空気が漂っています。

「骨折してたら、おまえもう教師なんかできへんのやぞ？　分かってるやろうな！　保健の先生、どこやねん？　ここちゃんと見てみろや！　もし傷が残ったら、おまえ、絶対訴えてやる！」

養護教諭の出番です。

「どれ、見てあげよう。保健室にいらっしゃい」

空気が変わった瞬間でした。「くたばれ！」「死ね！」など口々に言い残しながら、保健室へ向かう裕史たち。残った先生たちは、一様にほっとした表情で、彼らが散らかしたゴミ箱やほうきを片付け始めました。ある先生は力なくつぶやきました。

「ここはもう無法地帯や……」と。

2　裕史との出会い

私が裕史に出会ったのは彼が小五の春でした。授業中の立ち歩き、友人とのトラブル、クラスを飛び出しての遊びと、彼の行動は校内でもかなり目立っていました。ときには「おもんない（面白くない）」と職員室へ顔を出すこともあり、そんな彼に対し、「言い分を聞いてやってほしい、教師とは違う立場で話せる存在もいてほしいから」と校長の依頼があったのです。ＳＳＷｒは意図的に中立の立場をとり、彼の訴えに耳を傾けました。ＳＳＷｒがクッションとなり、先生と裕史をつなごうと考えたのです。担任への不満があると言えばその解決策を模索すべく、校長や担任にも投げかけ、話し合いの場を持つことを提案しました。が、それにストップをかけたのは他ならぬ学校でした。

「児童への支援は、まず担任ありきである。担任以外の人間が中途半端に間に入ると、担任の立場が危うくなる。授業を抜け出したときなどに、そっと話を聞いてくれればそれでよい。」

校長のスタンスはそのようなものでした。実際、職員室に待機できる職員などほとんどおらず、クラスを飛び出した裕史の対応ができるのは、嘱託の先生や管理職が主でした。ＳＳＷｒも人手不足を補う職員の一人として動くことを求められたのです。

3　先生の本音

とは言え、その場限りの対応を重ねても裕史の状況が変化する訳はありません。裕史の訴えが大きくなればなるほど、関わりを避けてその場を離れる先生もいるほどで、先生の間にも足並みのずれが見られるようになりました。そうした先生間の溝を見透かしたように、裕史も人手の薄いところを突いて騒ぎを起こすようになりました。裕史への直接支援ができない以上、ＳＳＷｒとしてまず考えたのは学校体制の再構築です。先生の組織づくりを裏方から支えるべく、ＳＳＷｒはそれぞれの先生の本音を拾い、それを生かす方法を模索、職員室で、またお茶室で、何気ない先生の会話から何かを引き出そうと、ざっくばらんに話すことを心がけました。そうして見えてきたのは、お互いを思うあまり、あともう一歩が踏み出せない先生たちのもどかしい現状だったのです。担任の菅先生はベテランの女性教諭。

「迷惑をかけて申し訳ない。私のいないところで何かあれば教えてほしい。」

強い口調で話すその姿には凛とした強さがあり、それが逆に他の職員を遠ざける空気をつくり出していました。他の五年生担任らもまた、周囲に負担をかけていることを重く感じており、自分たちで何とかせねばと必死だったのです。学年中心の会議は度々催されていましたが、そこで話し合われた詳細は職員全体に共有されることはありませんでした。他学年の先生は遠巻きに見守るしかなく、「気の毒で声がかけにくい」「下手に関わるとかえって騒ぎを大きくする」「学年の考えもあるだろうからそっとしておこう」そんな意見が大勢を占めていました。学年とそれ以外の先生との溝は、互いへの配慮からこうして大きくなっていたのです。職員会ではもっと具体的な方策を議論しようと提案するＳＳＷｒでしたが、「話し合ってもしょうがない」「せめて子どもが帰ったら菅先生にはその話題から離れてゆっくりさせてあげよう」そんな空気になすすべもなく時間が流れていくばかりでした。

4　裕史の家族、その思い

裕史に関する情報は、元担任らから聞くことができました。裕史は母と二人暮らし。母には新しい男性がおり、その人がよく家を訪れているようであること、母はそれを多く語ろうとしないが、裕史はその男性を快く思っていないようで、去年まではそんな胸の内も担任にもらしていたことがあるとのこと。今年度に入り、菅先生も頻繁に家庭訪問を行い、電話連絡も行っていましたが、それが逆にお母さんにとっての負担となっていたようです。お母さんの反応は次第に拒否的なものとなり、「家ではいい子だ」「友人にそそのかされてやっているんだ」「学校で起こったことくらい学校で対応してほしい」という返答が聞かれるようになっていったのです。仕事中に呼び出されることにも嫌悪感を示すようになり、それに応じて菅先生も徐々に連絡を控えるようになっていきました。しかし、何をしても家に連絡が入らないのをいいことに、彼はさらに行動を激化、やがては仲間を率いての他クラスへの侵入、授業妨害にも匹敵するような大騒ぎを校内で行うようになっていきました。校内の雰囲気はこうしてどんどん重いものとなっていきました。

5　ピンチをチャンスに

状況が改善されないまま、彼らが関心を示すようになったのが養護学級です。そこに置かれた教具の数々は彼らにとってのこの上ない遊び道具でした。あるときはボールや大型積み木を投げ合い、またあるときは模造紙いっぱいに絵の具を塗りつける。そんなときも退室を穏やかに諭しながら、教師は大きな刺激を与えないよう、彼らに関わっていくことが常となりました。厳しい注意を促すことは、彼らの行動をより激化させるため、みな自然とそのような対応をとるようになっていったのです。学校側も特別教室の施錠を徹底、職員室の鍵の保管もまたより厳重になり、ときには保管場所を週ごとに移動させることすらありました。他児の学習を保障するにはそれでもやむを得ない対応でした。こうして彼の行動が学校全体に影響を及ぼすに連れ、他学年を巻き込んでの取り組みが急務となっていったのでした。必然に迫られ、先生たちもその対応をより真剣に考えるようになっていきます。「大事な教具を遊び道具にするなんて許せない」。先生の意見は裕史らに批判的なものでした。しかし、裕史らが目をつけたこの「教具」こそ事態を好転させる鍵になる、ＳＳＷｒはそこに目をつけました。裕史らから全てを排除するのではなく、逆に彼らが望むものを先生から積極的に提供することで教師との関係を再構築することを目指したのです。この危機的状況をチャンスにしたい。問題はそれをどう実行に移すかでした。

6 見えてきた光

彼への対応については「甘やかし過ぎだ」と否定する先生もいました。もう学校でカバーできる域を超えている、警察かどこかに対応してもらうべきだとする意見も出ます。保護者からのクレームも届くようになり、管理職も頭を痛めていました。教具を彼らに自由に使わせるなんてとんでもない、という空気です。先生方に発想の転換をいかに受け入れてもらうかが大きな鍵です。そんな中、個人的に動き出す先生が現れたのでした。五年生の教室をさりげなく回る先生、放課後、彼らの汚した教室を掃除する先生、少しでも雰囲気を良くしようと職員室や廊下に花を生ける先生。皆何かしたいと願いながらもできないでいるこの現状の中で、こうした動きは非常に大きな意味を持つとＳＳＷｒは感じました。この取り組みを広げない手はありません。しかし、動き出した当の先生方は非常に消極的で、

「皆が皆、他学年のことにまで踏み込みたい訳ではない。」

「大きな提案をして波紋を広げたくはない。」

と尻込みするのです。ＳＳＷｒはそんな先生方を鼓舞し、最大限ねぎらうとともに、中でも広く好

感を持たれているベテラン教諭山田先生にその口火を切ってもらえるよう、個人的にも強くお願いしました。山田先生の発言があればきっとみんな動くと踏んだのです。そして迎えた職員会。職員室は重い空気に包まれていました。

7　先生の決断

山田先生が発言しやすいよう、まずＳＳＷｒは裕史の家庭環境に触れ、孤立する彼らに何か肯定的な関わりが持てないだろうかと全体への問いかけを発しました。そして山田先生を見つめたのです。山田先生は小さくうなずくと、そっと手を挙げました。

「今のままだと私自身がとても苦しいし、悲しいです。何も変わらないかもしれないけど、やるだけのことはやった、せめてそう思いたい。みなさん、力を合わせて何かあの子のためにできることをやってみませんか。」

彼女の言葉は静かに職員室に響きました。すると少しずつ声が上がり始めました。

「本当は何かやりたかったのだけど、何をしてよいか分からなくて……。」

「申し訳ないと感じつつも、中途半端に関わると学年の先生の邪魔になると思って、遠慮してしまっていた。」

「自分の力なさを感じることが辛くて、どうしたらいいか考えることすら避けていたように思う。」

先生の思いが次々に職員室に溢れます。やがて前向きな話し合いが始まりました。「彼らが騒ぎ出すその前に、彼らが望むものを許される範囲で提供してはどうか。それが彼らの攻撃的な動きを食い止めることになるのではないか」そんな意見も出しながら、ＳＳＷｒは職員全体の話し合いを見守ります。あくまでも主体は先生です。先生からの積極的な意見が出るのを待ちます。やがて、話し合いは最近の彼らの行動に及び、普段トラブルに悩まされている養護学級をどうにかしようとの話になりました。誰もが養護学級の先生に視線を走らせます。

「教具に関心があるのなら、放課後、彼らに自由に使わせてもいい。」

養護学級の先生から出たこの言葉、その決断は非常に大きなものです。これまでの裕史の言動を考えると、決して簡単に言えることではありません。皆それがよく分かっていただけに、一様に「よくぞ言ってくれた」という表情です。菅先生も思わず、

「本当にありがとうございます……。」

と言葉を詰まらせました。それならば、空きのある先生は校内の巡回に当たろう、そのための当番表をつくろうと、具体的な提案が次々挙がる中、ＳＳＷｒはその雰囲気に力強いものを感じました。一部にはまだ不満を露にする先生もいましたが、一気に校内の結束が高まりました。ようやく職員

室の空気が変わり始めたのです。

8　裕史の笑顔

その後、実際に先生の巡回もスタート。放課後の遊びにも有志の先生が付き合いました。残る問題は、教室以外の彼らの居場所がないことでした。が、それも次の職員会議にかけられると、一カ月という期間限定で授業時間内でも空き教室を使用することが可能となりました。クラスで耐えきれなくなったとき裕史には駆け込める場所ができたのです。このことが彼らに大きな安心を与えたようでした。裕史の視点に立ったその決定はスピーディーかつ積極的なもので、ＳＳＷｒも先生方に大きな賞賛をおくりました。こうなればもうＳＳＷｒが深く関与せずとも学校の組織力でもって問題を解決していける、そう確信を持てました。養護学級から借りてきた様々な教具を使い、やがて彼らは自由な活動を始めます。大型積み木で作った基地ごっこ、新聞を丸めた刀での戦いごっこやその後の包帯ごっこ、等など。そしてそこに

「先生も来いや！」

と誘うのです。五年生という年齢からすると、それはどこか奇異な感もあり、先生方の中にも理解に苦しむという意見もありましたが、荒れていた頃を思えば嘘のようだと、多くの先生は喜んでそ

の「基地」に入り、遊びに加わったのでした。思えばこれほど先生と一緒に何かをして笑うことが彼らにはなかったのかもしれません。先生方の笑顔もまたとても輝いています。こうした校内の取り組みに裕史も裕史のお母さんも、次第に好意的な態度を見せるようになってきました。やがて約束の一カ月が近づくと、裕史らは自らその部屋を閉じることを決めます。

「先生、いつまでもこんなんやってられへんよなあ。」

裕史が少し淋しそうに、でも穏やかにそう言って、自分たちの「基地」に幕を下ろしたのです。

裕史はその後も時折クラスを飛び出しては先生をひやっとさせていますが、もうあのときのように激しい言動は影を潜めました。ＳＳＷｒは先生の本音を拾い、前向きな関わりを組織として行えるよう、その背中を後押ししたにすぎません。きっかけさえあれば、先生は、そして子どもは大きく変わることができます。裕史の笑顔が何より強くそれを物語っています。苦悩の中での裕史をめぐる取り組みは、学年を超えた連携をより強固なものとし、ここで培った先生同士のつながりが、今もこの学校の宝となっています。

第2章　閉ざされた家庭に開かれた扉——ネグレクト

1　「努力」が見えない親

「昨年も一昨年も担任が、ずっと同じことをお母さんには言ってきたのですよ。何年たっても、変わりません。どうしたらいいのでしょうね。」

小学校三年生になった由香の家庭への働きかけについて、今後どのような方針をたてたらよいか、ということで、現担任の松田先生からＳＳＷｒに相談がありました。

聞くと、由香は軽度の知的障害があり、小学校一年生の段階から、遅刻や欠席が多く、忘れ物も非常に頻繁ということです。小学校入学してすぐの一年生というと、由香に限らず、どの子どもたちも「学校」という新しい環境になれるまでは戸惑いが多いものです。登校時間を守ること、時間割どおりの持ち物をそろえること、学校でもらったプリントを保護者に渡すことなど、たくさんの

「新しいこと」を覚えるまでには、誰にだって時間がかかります。だからこそ、子どもたちが学校環境に慣れていくプロセスには、保護者の協力が欠かせません。そこで、これまでの担任は皆、他の子どもたちのときと同じように、何度も保護者と連絡をとり、由香が学校に慣れていくためには、「お母さんの協力がないと難しいのですよ」という話を繰り返してきた、というのです。にもかかわらず、お母さんの姿勢には変化がなく、由香の遅刻・欠席状況もまったく改善しません。さらに、今年から、朝ごはんを食べていないことが多かったり、風呂に入っていないのではないかという心配事が増えてきていました。最近では、家に電話をかけても、誰も出ない状況が続いているというのです。

2　お母さんの「困り感」はどこに

松田先生の話から由香の学校での様子は、おぼろげながら見えてくるものの、家庭全体の様子は一向にわかりません。そこで、私はまず現担任を含め、校長、教頭、前担任など今まで由香の家庭にかかわった方々が集まった場所で、この家庭の全体状況を聞くことにしました。

その中でわかってきたことは、由香の家庭は、父、母、中学生の姉、由香の四人家族で、父親は単身赴任で家にほとんどいないこと。経済状況はそれほど悪くないこと。姉もどうやらあまり学校に行っていない様子であること、などでした。また、前担任も、現担任も、家庭訪問をしたときに、家の中が、すさまじい状況になっていることを目の当たりにしています。洗っていない服が部屋の中に山積みになっていたり、いたるところに食べ残した缶詰などがおいてあったり、風呂場にはお湯がためられないほどモノが入っています。

典型的なネグレクト家庭です。すでに慢性化しているようでした。このお母さんが置かれた状況が相当厳しいだろうということは、容易に想像がつきます。知的障害をもつわが子への対応、あまり学校に行かない姉への対応について、一体お母さんは、誰に相談をしているのでしょうか。お父さんが単身赴任でほとんど家庭にいない中で、頼れる相手はいるのでしょうか。いや、それ以前に、お母さん自身が自らの生活の中で、何か「困っていること」があるのではないのでしょうか。話を聞きおえて私は、率直な印象として、「お母さんも困っているでしょうね…」と切り出し、その続きを話そうと思っていたところ、ある先生が声を荒げて発言されました。

「そりゃ、困っているかもしれませんがね、大変な家庭は、ほかにもあるんですよ。それでも、多くの親は努力しているんです。この家庭だけ、甘やかして学校が何でもしてあげるという姿勢では、親も変われないんです。親にも自立してもらわないと、子どもたちはもっと困るんです。」

3　「支援が必要であるということ」は、「甘やかすこと」？

多くのネグレクト家庭の場合、親自身が自らの生活において「何が問題であるか」ということに気づいていないことが多いのです。例えば、「子どもがごはんを食べていない」状況が続いているからといって、子どもが憎くて、ごはんを食べさせていないというわけではありません。由香の場合もそうでした。お母さんは、由香に食べさせるためのお惣菜を買ってきて、冷蔵庫に入れておきます。そして、朝、起きられないお母さんは由香に、「自分で起きて、ごはんを食べていきなさい」と言うのです。しかし、着替えや準備に人よりも時間がかかる由香にとっては、冷蔵庫からお惣菜をとって、パックをあけ、ごはんを茶碗にいれて、一人で食べるという作業だけでも大変なことです。ですから結局、お母さんが起きてくるまで、一通りの準備が整わないのでした。

なぜ、お母さんが朝に起きられないのか、由香の障害の状態をどのように捉えているのかなど、これまでの情報だけではわからないこともたくさんあります。しかし、どのような理由があるにせよ、お母さんにはこの家族が抱えている課題が何であるかを一緒に考えていく相手が必要です。その意味で、この家庭に必要な「支援」は何かということを考えていく必要があることは明らかでした。

ただ、「お母さんも困っているでしょうね…」という先ほどの私の発言は、先生方にとってはこれまでのやり方を否定されたかのように感じられたのかもしれません。確かに、学校現場では由香に限らず、「大変な家庭」は多く存在します。その中で、「努力」が見えない親に対して、継続してかかわり続けてきた先生たちが疲労感をつのらせていることは想像にかたくありません。親の努力が表面的には見られず、状況が変わらない家庭を「個別」に「支援」していくことが、「甘やかすこと」になるように見えることも一方ではうなずけます。

しかし、もう一方では、先生方がこれほどまでにかかわってきたにもかかわらず、状況が変わらない、あるいはお母さん自身も変われないという事実があります。まさにその事実こそが、家族全体を「支援の対象」として捉えざるをえないのです。私はそのように話したうえで、「ところで、お母さん自身の理解力はどうでしょう」と尋ねました。

「いつも、私たちが言っている話には、『はい、わかりました。がんばります』とは答えられるけれども、私には、わかっていないように見えます。保護者向けのプリントも読んでいないような気がします。もしかして、漢字が読めないということもあるんでしょうかね…」と松田先生が話しはじめました。その発言がきっかけとなって、お母さん自身は努力をしているけれども、できない事情があるのではないかと考えられるエピソードがたくさんでてきたのでした。

4　見えてきた、お母さんの「困り感」

お母さんには、もしかしたら知的な遅れがあるかもしれない、だとしたら、支援の方法を変えてみる必要性がでてくるかもしれません。そこで、私がＳＳＷrとして、お母さんと話をしてみることになりました。

松田先生に、お母さんとの面接日程の調整などをしてもらい、教員とは違う立場の職員であることを丁寧に説明してもらいました。

はじめは、松田先生を含めて三人で会うことにしました。松田先生が、由香の遅刻や欠席の状況を話しだすとすぐに、お母さんは必要以上に、「すみません」「でも、でも」という言葉を何度も繰り返しました。

「すみません、私が朝起きられないからダメなんです。」

「でも、由香ももうちょっとちゃんとしてくれたらよいと思っている。」

「でも、私が悪いんです。」

そう言って、下を向いてしまいます。松田先生の口調は、お母さんを責めているようなものではありませんでしたが、目の前にいるお母さんの姿は、「先生に叱られている生徒」のようでした。

さらに、「家での由香ちゃんの様子はどうですか」というような、オープンクエスチョン(*)には、「んー、別に…」といって口ごもってしまいます。話したくないという感じではなく、何を答えてよいのかわからないというような感じです。

そこで、「お父さんが、単身赴任をされているんですよね」というように、クローズドクエスチョン(**)を中心にした質問形式にかえていくと、はっきりと答えてくれることが多く、それをきっかけに、お母さん自身の話が次々と出てきました。

「夫が協力してくれない、何度も話はしているけれども無理なんです。全部、私が一人でしないといけない状況です。」

「由香がじっとしていない。買い物にいくときも、ずっと手をつないでいないとどこに行ったかわからなくなる。」

「もうちょっとちゃんとしてくれたらよいと思っている。」

「由香は療育手帳をとっていないので、サービスは受けられない。」

「子ども会の役員をしているので、その準備に忙しい。だから、朝、起きられない。」

話と話の間に、日々の生活がいかにしんどい状況であるかをひとしきり話されました。

＊オープンクエスチョン＝「開かれた質問」…話し手を誘導したり、圧力をかけることなく、より多くの情報を話し手が提供してくれるように求めること。「はい／いいえ」で答えられない質問

＊＊クローズドクエスチョン＝「閉じられた質問」…「はい／いいえ」など話し手に限られた選択肢の回答を与える質問

5 「すみません」「がんばります」の背景にあるもの

後の面接でわかったことですが、お母さん自身が障害児学級に入級させられた体験があり、そのことを不満に思っていました。「自分は努力をすれば、できるのに、障害児学級に入れられた」という思いが強く、だからこそなんでも一人でしなければならないと思っている節がありました。さらに、由香の祖父母からも、「おまえがしっかりしていないから、子どもが遅刻をするんだ。ちゃんとしなさい」といわれ続けてきたらしいのです。子どもへの愛情があるからこそ、誰かの支援を受けるということは、お母さんとしての立場を放棄することのように思えたのかもしれません。けれども、何をすれば、今の状況よりも「しんどさ」が少なくなるのかわからないのです。

「すみません」「がんばります」は、叱られ続けたお母さん自身が、その場をやりすごすために身につけた、唯一の言葉だったのかもしれません。

6　支援への道

お母さんのいろいろなしんどさがわかり、お母さんへのかかわりについても私たちの間でいくつかの共通認識をもつことができました。お母さんには、こうしてほしいということを、短い言葉で簡潔に伝え、実行してくれたときには、お母さんの努力を言葉でねぎらおうというようなことでした。

これまで、先生に褒められた体験がなかったお母さんは、先生たちから「お母さん、がんばっているね。私たちも助かるわ」「ありがとう」などという言葉をかけられるにつれて、いきいきとしてこられました。学校から電話があると、それまでは居留守を使うことが多かったのですが、それも減ってきました。

並行して、由香の登校時間に迎えに行ってくれるボランティアを派遣しました。ボランティアとお母さんの関係がとれるにしたがって、由香の遅刻状況にも改善が見られました。ここでいう、ボランティアは、由香の「登校支援者」としてだけではなく、お母さんにとっても「ちょっとした相談」を「気軽」に話すことができるような存在になれるようにという目的があります。そのために、ボランティア自身が、お母さんにかかわることの意味をもってくれるよう、その目的を継続的に確認していきました。

さらに、由香の現在の障害程度について家庭と学校が共通の理解を持てるように、児童相談所に一緒に行くという話もまとまりました。

7　残されている根本的な課題

由香の遅刻状況が改善されたとはいえ、家庭内での問題が解決したわけではありません。

父や祖父母の協力が得られれば別ですが、そこへの期待はすぐには難しいようです。そうなると、本来ならば、この家庭には生活支援を行うホームヘルパーなどの人材が必要です。しかし、お母さんも由香も療育手帳をもっておらず、既存の制度を使うことは難しいという状況です。また、お母さん自身も、家の中に誰かが入ってくることを望んではいません。さらには、学校に行っていない姉の状況についても、中学校と連携して考えていくことが必要です。

由香やお母さんのように、療育手帳などを持っておらず、また、経済的にも貧困であるとは言い難い家庭の場合、行政側からすると「支援」対象にならないケースが多いのです。様々なサービスを受けるためには、利用者が自ら申請しなければいけない現在のシステムでは、そのシステムを知らなければ、あるいは、手続きの内容が理解できなければ、どこにもＳＯＳを求められないのです。

そのひずみが、「不登校」や「非行」など、学校で見える子どもたちの「問題行動」と連動してくることは明らかです。ただ、その中でも、「ネグレクト」の問題はとても見えにくい。大きな問題がない限り、行政が介入できない現行のシステムにそもそもの問題があるのですが、少なくとも慢性的なネグレクト状態にある家庭の場合、「何に困っているのか」を一緒に考えていく支援者が必要です。

そのパートナーとなるべき支援者をどこに求めるのか。家庭に応じた社会資源を見つけていくことが必要になってきます。たとえば、由香の場合であれば、家庭児童相談室や市町村の障害担当部門、児童相談所などの行政機関にとどまらず、ＮＰＯ、子育てサークルなど、お母さん自身が、気軽に「相談」できる場所や相手を見つけることが必要です。

8　学校にできること、できないこと

由香の家庭もそうですが、支援は必要であるけれども、学校にできることはすべてやってもなお、改善が見られないケースは多々あります。また一方で、他のどの機関からも福祉の支援対象家庭としては認識されず、唯一心配をしているのが学校というケースも多いのです。「支援」という視点が入らずに、「どうしようもない親だ」という視点ばかりが集中すると、家庭はますます孤立して

いき、結果的には、ネグレクトが身体的虐待へ発展してしまうという心配もあります。

階層格差の広がる今日、経済状況を考えると、これからますますネグレクト状態の家庭は増えていくことが予想されます。そうしたときに、学校や保育所・幼稚園などが「ネグレクト」家庭の第一発見機関になりうる可能性が非常に高いのです。そのことをふまえると、「ネグレクト」家庭であることが判明したときに、学校にできることは何か、できないことは何かを整理し、「学校にできないこと」については、どこへ協力を依頼するのかを考えなければならないでしょう。

9　スクールソーシャルワーカーにできること、できないこと

ＳＳＷｒに持ち込まれる相談内容の多くは、その主訴が「学校問題」です。当然のことかもしれませんが、その背景にはほとんどの場合、「福祉課題」があります。

ＳＳＷｒにまずできることは、ソーシャルワークの視点から家族のアセスメントを行い、教育的なアセスメントとをつきあわせて、教員とともにケースの整理を行うことでしょう。その上で、協力を依頼する社会資源を探し、実際に提供し、その機関と家庭と学校が繋がり続けるための媒介者となることではないでしょうか。つながり続けることの例として、本事例のようなボランティアへのコンサルテーションなどがあります。ボランティアの活動の目的や、活動にかかわる悩みなどを

共に考え、コンサルテーションを行っていくこともＳＳＷの重要な役割となります。

ＳＳＷｒが具体的に行動する中身は、雇用形態によってもかわってきます。しかし、どのような雇用形態をとるにせよ、まずはこの「学校問題」と「福祉課題」がどのように関連しているのかを、先生たちとともに考えていく体制を築いていくことが求められています。

10　四年生を目の前に…

そうこうしているうちに、もうすぐ由香も四年生になります。

三年生の段階で、共通理解を得られた先生方のチームが、転勤や退職などで、メンバーがかわります。担任もまたかわるかもしれません。学校外の機関との連携も大事ですが、この共通理解を継続できるように、校内での引き継ぎの仕方にも工夫が必要になってきます。

まだまだ、先は長い。

市福祉行政との連携

私は、市の児童虐待防止ネットワークの事務局として、スクールソーシャルワーカーと関わる機会に恵まれました。

当初は、スクールソーシャルワーカーとは、教育と福祉の〝翻訳者〟だなァと感じていました。というのも、「校内委員会」「ガッケン」などなど私たちには？マークの飛び交う学校独自の言葉やシステムに戸惑うことがしばしばあるからです。

しかし、その後、一緒に仕事をさせていただくうち、スクールソーシャルワーカーが「学校は、子どもやその家庭の問題にチームで対応し、そのチームを校内で支える」そして、その上で「外部機関とつながる」といった考えを学校に説き、そのシステムの中心となれる人材を育成しようという視点を持っていることを見聞きするようになりました。それらを知るようになって、スクールソーシャルワーカーの役割は、単なる翻訳者ではなく、そのような視点をもって〝学校の中に存在する〟ことだと感じています。

教育と福祉が連携する時、どんなに優秀な〝翻訳者〟が存在しても、互いの組織に連携に対応できる体制がなければ、連携の意義も少なく、また継続した連携にならないでしょう。とはいえ、学校という大きな組織の中で、異分野の活動を根づかせることは至難であると想像しますが、この活動が継続して欲しいと願っています。

市相談室　**河合克子**

第3章　つながりからつながりへ――虐　待

1　ひろしとの出会い

「中学校にも行くことあるの？」

ＳＳＷｒとして小学校へ勤務して三日目、子どもたちの様子を見せてもらうために六年生の教室訪問をしました。何気なく入った少人数の分割授業で、空いている席に座った私に、隣の席のひろしは人なつっこく話しかけてきました。お兄ちゃんは強いこと、お兄ちゃんが中学校へ行ってしまったので淋しいことなどをヒソヒソと話してくれました。授業の様子を見ていると、教科書もノートも出さず、

「ここに計算を書きなさい」

と先生からもらった紙に絵を描いたり、その紙で飛行機を作ったりしています。

授業が終わり、職員室に戻って子どもたちの記録を調べると、ひろしは昨年度まで不登校児として名前の挙がっている子どもでした。

その日の帰り、ひろしがお母さんと二人でバスに乗っているところに、偶然出くわしました。すぐに気づかなかった私に、「おい」と声をかけるひろしに対して、お母さんは、

「先生に向かってなんていう口の利き方するの。」

とたしなめながらも、とてもひろしをかわいがっているように見えました。

これが、ひろしとひろしのお母さんとの初めての出会いです。その時は、ひろしのケースに自分が一年以上関わることになるとは思いもよりませんでした。また、校内のチームで関わること、地域機関とのつながりを作ることの重要性を、どれほど深く感じることになるのか想像もつきませんでした。

2　錯綜する情報

「家庭訪問で出会えない親がいるのですが……。」

ひろしとお母さんと出会った次の勤務の日、ひろしの担任が私に話しかけてきました。担任によると、ひろしは学校へ来ると問題も起こさず、普通に授業を受けています。けれども、学校へ行く

といって家を出たにもかかわらず学校へ来ない日があり、何をしているのか気になる子どもです。また、お母さんは家庭訪問を拒否しているので、出会えません。

担任は、保護者と子どものことについて話し合いたいと思っています。けれども、家庭の状況もわからず、また、下手に子どもに聞くと学校へ来なくなるので、我慢している様子です。どの学校でも、個別に支援の必要な子どもや家庭が多くなり、担任の苦悩はつきません。この時、担任はまだ私にだけこっそり相談しているという様子でした。

「『子どもは、かわいくない。かわいいのは、一番下の子どもだけ』と、お母さんは話してくれたのよ。」

と、以前ひろしの担任をしていた先生が、私に話してくれました。先生は、現在の担任と同じく、家庭訪問しても親に出会えず、家庭の様子もよくわかりませんでした。けれども、以前ひろしの担任をしていた先生は、お母さんの言葉にはショックを受けました。先生の話は、バスでのひろしとお母さんの様子からは、信じられません。

この学校では、気になる子どものことを共有する校内委員会に、ＳＳＷｒの参加を位置づけています。その最初の委員会があったのが、ちょうどその頃です。委員会の中で、ひろしは気になる子どもとして名前が挙がりました。そして、一年生の時から家出を繰り返していたこと、友だちのお金やゲームを盗んだこともあること等がわかりました。

このように、担任や今までの担任、校内委員会での話から少しずつひろしや母親のことがわかってきました。しかし、これらはすべて断片的なもので、毎年担任が変わり、担任が転勤していたり、講師で辞めていたりすると、その間は空白でした。校内の誰ひとりとして、入学時からのひろしやひろしの家庭の様子を把握している教職員はいませんでした。特に、家庭の様子は「祖父母と同居しているらしい」「父親と離婚したらしい」「父親と別居しているらしい」等、情報が錯綜し、もつれた糸をどのようにほどいていくかが、私にとって大きな課題でした。

3　地域とのつながり

1　放課後児童クラブとのつながり

幸運なことに、私の勤務する小学校の管理職は、私に地域の人々を次々に紹介してくれました。民生委員児童委員さん、主任児童委員さん、青少年健全育成委員さん、放課後児童クラブの指導員さんなどです。

ひろしは低学年の間、放課後児童クラブへ行っていたことやひろしの弟が現在も放課後児童クラブに在籍していることがわかり、放課後児童クラブを訪れました。指導員の話によると、放課後児童クラブの父母会や運動会には家族で参加していました。また、指導員は、お母さんは子どもをかわいがっているように見えること、ひろしは放課後児童クラブで友だちに暴力を振るって問題になったこと、お父さんが暴力的で子どもを殴ると聞いたことがあることを話してくれました。

放課後児童クラブでは、父母会や運動会があるので、指導員は家庭のことをよく把握しているように感じました。また、子どもたちも学校で見せる姿よりも、もっとありのままの姿を見せているように思いました。放課後児童クラブの指導員が気になる子どものことを相談してくれたり、私も気になる子どもや家庭の様子を聞いたりする中で、学校と放課後児童クラブとのつながりができ、協働して子どもや家庭を支援できるのだと思います。

2　地域の機関とのつながり

ＳＳＷｒには、学校と地域や地域機関とをつなぐ大きな役目があります。教育委員会の指導主事とともに、最初に訪れたのが、市内の教育センターと子ども家庭センター（児童相談所）でした。どちらの機関も大変好意的で、その機関の機能や役割について、丁寧に説明してくださいました。教育センターとのつながりは、ひろしのケースでは、適応指導教室の相談員とのつながりに発展することになりました。

同じころ、私は市内の虐待防止ネットワーク会議（現在の要保護児童対策地域協議会）の実務者会議に出席することになりました。初めて出席した会議で名前の挙がった子どもは、昨年度の三月に私の勤務する小学校を卒業して、校区内の中学校に在籍している子どもでした。そこで、私が校区内の中学校へその子どもの様子を聞きに行くことに決まりました。

ひとつの小学校に勤務するＳＳＷｒが、市内のすべての子どもを把握し、関わっているわけではありません。しかし、このケースは、昨年地域機関が集まって連携ケース会議をし、私の勤務する小学校で支援していた子どもだったので、私が小学校での様子と合わせて中学校の様子を聞いてくることになりました。この中学校訪問が、それ以降の小学校と中学校との連携のきっかけになりました。

3　適応指導教室とのつながり

校区内の中学校を訪れると、担任と生徒指導担当教諭から子どもについての話を聞くことができました。ひろしのお兄ちゃんが適応指導教室に行っていること、ひろしのお母さんが中学校のＳＣの教育相談を受けていることもわかりましたが、それ以上に大きな収穫だったのは、生徒指導担当教諭とのつながりでした。この生徒指導担当教諭とは、それ以降様々なことで連絡を取り合い、小学校に度々来てもらい、小中連携のきっかけとなりました。

生徒指導担当教諭とのつながりから、中学校のＳＣとも話をすることができました。それによって、ひろしのお兄ちゃんが不登校になり、適応指導教室へ行くようになったこと、また、それに関連してお母さんは適応指導教室の相談員の所へ通っていることもわかりました。

そこで、今度は、適応指導教室の相談員と話をするために、教育センターの指導主事の紹介で、適応指導教室へ行きました。私は、お弁当を持って参加し、子どもが勉強したり遊んだりする様子を見たり、ひろしのお兄ちゃんと一緒に掃除をしたりしました。また、相談員は、兄の様子や家庭の様子などを話してくれました。相談員は、お父さんが暴力的という話は聞いたこともなく、信じられないという様子でした。

このように、つながりからつながりへ、いろいろな地域の機関の人たちと出会い、少しずつ子どものことやきょうだいのことがわかってきました。しかし、ひろしのお父さんのことだけははっきりせず、「離婚したらしい」、「別居らしい」、「よくわからない」、「父母がそろっている」など様々です。また、お父さんが暴力的であるという人もいれば、そんなことは信じられないという人もいました。

4　ひろしの背景

一学期も半ば頃から、管理職、担任、前担任、専科教員、ＳＳＷｒ等でチームを作り、ひろしのケース会議をするようになりました。その会議中に、ひろしの一年生から今までの記録票を調べると、保護者欄に父親の名前が書いてある学年と母親の名前だけの学年があり、家族関係が益々わからなくなりました。そこで、ひろしのお母さんとの信頼関係ができている管理職が、会議中にお母さんに電話をし、率直に訊ねることになりました。ひろしのお母さんは、

「離婚していませんよ。夫が子育てに協力的でないので、保護者欄に名前を書かなかっただけです。」

と言いました。そこで、やっとひろしの家族関係が明らかになりました。この経験から、わからないことは率直に当事者に聞くこと、また、聞けるような関係を作っておくことが大切であると感じました。

ひろしは、人なつっこくて、おしゃべりな明るい子どもです。運動は得意で、授業中も発表するのは好きなので、わかることは自分から手をあげて答えます。けれども、学校へ来たり来なかったりしていたので、勉強はよくわからないようです。クラスの友だちはやさしいので、仲間に入れてくれるのですが、特に親しい友だちもいないように見えます。ひろしを見ただけでは信じられませんが、低学年に暴力を振るったり、万引きをしたりすることもありました。ひろしには弟がいますが、弟は何も問題を起こしていません。

このように、ひろしの背景はわかってきたのですが、ひろしもお母さんも本当の気持ちを誰にも話しません。いわゆる「靴の上から足を掻く」という状況が続き、私は少し焦っていました。

5　校内でのチームによる取り組み

1　他のメンバーが入ることを許してくれた担任

ＳＳＷｒとしての焦りとは裏腹に、校内では着実にチームによる取り組みが進んでいました。この頃の校内の合言葉は「チーム」です。

話はさかのぼりますが、ひろしの背景がわからず、情報を求めている期間に、ある日学校へ欠席連絡をしてきたひろしのお母さんが管理職と直接話す機会があり、お母さんが話しやすいという理由から、学校への連絡窓口は管理職になりました。私は職員室で担任の気持ちを聴いたり、時間がある時は、授業に入りひろしの横で勉強を教えたり、本人からの電話による欠席連絡の場合は、担任の代わりに電話をかけて、登校を勧めたりしました。授業中は担任が動けないので、管理職や専科の先生がひろしの家まで迎えに行くこともありました。

「チーム」を合言葉にひろしに関わっていく中で、担任は私や管理職にひろしの対応をまかせてくれました。担任は、授業中に発表させたり、学級での居場所を作ったり、ひろしが学校に来た時に力を入れました。また、担任は「目標を持たせてやりたい」「中学校ではスポーツクラブに入って打ち込んで欲しい」等と、ひろしのことを一生懸命考えていました。

ひろしに対して、学校での居場所作りと学習支援に目標を置き、チームで関わった結果、一学期のひろしの欠席日数は数日に減りました。また、今まで家庭訪問も拒否し学校との接触を避けていたひろしのお母さんも、夏休み前の学年のスポーツ大会には参加し、球技で親子対決をしました。担任は「母親は変わった」という捉え方をしていましたが、私から見たら、ひろしやひろしのお母さんに対する担任の見方が変わったのではないかと感じました。

2　運動会の参加を短期目標に！

学校では、夏休み中はプール後に学習会を開き、子どもを支援しようと努力しました。しかし、ひろしはプールには参加したものの、勉強の場には参加しませんでした。そして夏休みが明け、二学期になってしばらくすると、「学校が嫌」という理由で欠席が三日間続きました。その三日間は、すべてひろし自身が電話連絡をしてきました。電話窓口の管理職や私が説得しても「学校が嫌」と言うばかりで、電話の向こうにいるお母さんも本人が嫌なら仕方がないというあきらめの雰囲気です。

一学期は良い方向で終わったので、私たちチームもがっかりしましたが、それ以上に担任ががっかりしました。

「もうどうしてよいかわからないから、皆の力を貸して欲しい。」

と、初めて担任が私に弱音をはきました。そこで、その日のうちに、ケース会議を開きました。そして、会議中に家庭に連絡し、欠席の場合には学校から家までひろしを迎えに行くという承諾を得ました。また、学校からの迎えに対して、ひろしを学校へ送り出すという家庭の協力をお願いしました。家までひろしを迎えに行く役割は、管理職か専科の先生に決めました。担任はひろしがクラスに入れるような学級づくりと、授業にひろしの得意な発表形式の学習を積極的に取り入れるなどの手立てを取りました。ひろしが教室で勉強したくない時は、校長室で管理職やＳＳＷｒが対応することにしました。

けれども、校内のチームで役割分担しながらひろしに関わっても、九月は連休が多いこともあり、ひろしは学校へ来たり来なかったりしました。運動会の練習はどんどん進み、欠席が重なるにつれ、他の子どもたちとの差も出てきます。それで、運動会の練習が嫌になり、ますます学校へ来ないという悪循環におちいっていきました。

こうして、運動会の五日前になりました。チームでの話し合いにより、管理職と私の二人でひろしの家を訪問しました。管理職はひろしのお母さんと家の外で話をし、お母さんのいろいろな気持ちを聴きました。私は家の中に入り、ひろしと二人きりで、初めてひろしの本音を聴くことができました。ひろしは、お父さんから殴られていること、お父さんが怖いこと等を話してくれました。ひろしの気持ちを聴いて、ひろしの家出や万引き等の問題行動は、虐待的養育環境からくる「ためし行動」であると感じました。ひろしは私たち大人に、SOSを発しているのではないでしょうか。学校では、研修のため来校していた市教委の指導主事も入り、チームでケース会議を行いました。そして、長期目標を父親へのアクセス、短期目標を運動会への参加と決めました。家庭訪問の翌日から登校したひろしに、担任は運動会の団体演技で目立つ役を与え、前年の担任が放課後、運動会に向けての個別指導をした結果、ひろしは見事に団体演技を披露し、おまけに係の仕事まで完璧に果たし、運動会は大成功に終わりました。お父さんは運動会に参加してくれませんでしたが、お母さんはひろしの姿を嬉しそうに見ていました。

3　次々に起こる出来事

運動会は大成功に終わりましたが、ひろしはその後も、何度も問題行動を起こしました。例えば、朝家を出た、という連絡が母親から入ったにもかかわらず、教室にひろしの姿が見えないことが何度もありました。担任をはじめ、専科教員、管理職、ＳＳＷr等が近くの公園やスーパーを探し回ったこともあります。夜遅くまで家に帰らないこともあり、先生たちは夜遅くまで学校に残ることが度々でした。ひろしが家を出て学校へ向かった、という連絡を母親から受けると、管理職がひろしに気づかれないように様子を見ることも続けました。また、専科教員が、ひろしと一緒に一週間の時間割を作り、毎日少しでも学校へ来て、勉強できるような環境作りもしました。

ひろしが最も懲りたのは、万引きをして警察へ行ったことです。けれどもその結果、ひろしはサポートセンターにお世話になり、そこの紹介でお母さんと一緒に専門機関へ行くことができました。専門機関とつながったことで、ひろしは心に大きな傷があることがわかり、お母さんやお父さんもひろしの問題行動を心の傷からくる大きな問題であると受けとめました。今まで顔を見せたことのなかったひろしのお父さんは、この事件をきっかけに、初めて学校へ顔を見せました。

こうして、次々と様々なことが起こりましたが、その都度チームで相談しながら支援した結果、ひろしは修学旅行にも参加し、無事に小学校を卒業していきました。

6　中学校との連携

1　中学校進学に向けて

不登校は中学入学後に増加することから、ひろしの行く中学校の生徒指導担当教諭に小学校に来てもらい、授業中の子どもたちの様子を見てもらったり、三学期には中学校の生徒指導担当教諭に小学校で授業をしてもらったりしました。生徒指導担当教諭は、ひろしの様子を見たり、ひろしに話しかけたりして、ひろしが中学生になった時に話せる関係作りを行いました。

また、中一不登校の未然防止に向けた丁寧な引継ぎを目的として、六年生の二学期から三回にわたる小中連絡会を行いました。特にひろしについては、ひろしのことをよく見てきた生徒指導担当教諭が、何らかの形でひろしに関われるような配慮をお願いしました。三回目の小中連絡会は、中学校入学後に、中学校のすべての担任と小学校六年生時のすべての担任が参加して行いました。小学校時の担任の中には、卒業させた子どものためにわざわざ中学校へ出向いて会議することに対する不満もあるように見えましたが、卒業させた子どもの中学校での様子を聞くことができ、とても嬉しそうで、途中からとても積極的になったように感じました。

2　ひろしの小中連携ケース会議を開催して

四月になり、ひろしが中学校で頑張っていることを電話で確認したのもつかの間、連休の合間に、私は中学校の生徒指導担当教諭から相談を受けました。ひろしは友だちから嫌なことを言われ、イライラして、全く関係のない友だちを殴ったようです。お母さんは、ひろしの兄が不登校になった原因が中学校にあると思い込んでいるので、中学校へ来ることを拒否し、担任が家庭訪問することも快く思っていないということです。

そこで、ひろしについての小中連携ケース会議を小学校で開催することにしました。最初、中学校の先生方は、ひろしのお母さんに対して否定的な見方をしているように感じました。しかし、小学校の先生たちは、ひろしのお母さんは口ではきついことを言いながら、ひろしが家出をした時など、夜遅くまでひろしを心配して外にいたことや、ひろしの兄を修学旅行に行かせたかった気持ちなどを語りました。そのことで、中学校の先生方もひろしのお母さんに対する見方が変わったように思いました。

連携ケース会議では、短期目標をひろしのクラブ活動を継続させることと、母親を以前つながっていた中学校のSCにつなぐことにし、中期目標を夏のクラブの大会に父親と母親が見に来ることとしました。

7　現在のひろしと家族

ひろしの小中連携ケース会議が功を奏して、粘り強い担任の家庭訪問や生徒指導担当教諭の家庭訪問により、お母さんは中学校のSCにつながりました。また、ひろしは、厳しいクラブ活動を続け、夏の大会にも出ることができました。その上、お父さんとお母さんもひろしの姿を見に来ました。

ひろしとの出会いから約一年半が経ち、ひろしは中学校の先生たちに見守られて、元気に中学校へ通っています。ひろしのケースを通して、校内のチームで役割分担して支援すること、学校と地域機関とがつながること、小学校と校区内の中学校が連携することの重要性を痛感しました。ひとつのつながりは、次のつながりへと次々に拡がっていき、多くの人たちとの出会いによって、子どもや家庭を支援することができるのです。これからも、ＳＳＷｒとして、このつながりを大切にしていきたいと思います。

個業からチームへ

「あのお母ちゃんあきませんで、子どものことで話がある言うても、なんやかやって学校にも来ません。関心ないんですわ。」

でも、その子に関わった他の教職員などとも話してみますと、以前はそうではなかったようですし、放課後児童クラブや兄弟関係がある中学校には顔を出すこともあるようです。

そういうことが見えてくると、「子どものことに関心がない」と、一概には言えないということがわかってきました。

教師という職業は個業です。特に学級担任制のもと、学習指導はもちろん、生活指導全般にわたって子どもたちに関わっている小学校の教師はその傾向が強くなります。もちろん、担任である以上、クラスでの様々な課題を自分の責任と考えるのは当たり前です。

けれど、反面ではそれが勝ち過ぎて、マイナスや失敗と思われる事柄は愚痴として語られはしても、同じ学年の同僚にさえ正確には伝えられず、知られていないこともあります。まして、学年やクラスが変わってしまうと引き継がれない情報も少なくありません。

そんな中、自分だけの力で何とかするという限界を超えたとき、「子どもが悪い」「家庭がだめだ」と知らず知らずに対立図式を作り、不信の芽を大きくさせる負の循環にはまり込んでしまったり、自分の力量のなさだと落ち込んでしまったりすることがあります。

個業からチームへ、一人で抱え込むことの限界と、チームで関わる事の大きな可能性。

「とりあえず寄れるメンバーから集まろう。」と始めたケース会議など、スクールソーシャルワーカー配置の考え方を軸に、その手だてを積み重ねた私たちでした。

「あのお母ちゃん変わりましたで、学校の方にちょっとは向いてくれるようになりましてん。」

ともすれば学校の信頼性が危ぶまれている今、これらをどう乗り越えていくのか。スクールソーシャルワーカーの配置によって、保護者や子どもすらもチームの一員としてつながっていける可能性と希望が見えてきたように思うのです。

校長　**西川俊孝**

第4章　学校には見えにくい——不登校

「いくら（お母さんに）注意しても、部屋の中は足の踏み場も無くって……。あれじゃあ、宿題をすることもままなりません。」

「朝起こして、学校に送り出してくれさえすればいいのだけれど、それすらしてもらえないんです。」

学校のケース会議に参加していると、家庭の養育機能が低下している、保護者の養育力が低いといった言葉を何度も耳にします。

果たして、学校はどこまで介入すればいいのか、そんな不安な声が教育現場にこだまします。家庭に介入する必要があるのは、何も虐待のケースばかりではありません。不登校・奈津子もそんなケースの一つでした。

1　担任の苦悩

「奈津子は小学五年生。小学三年生の頃から少しずつ欠席が増え始めたので、かれこれ不登校になって二年が経過しています。三年の頃は遅刻が多かったものの、担任や友人が迎えに行ってなんとか登校していました。四年になると欠席が増え、次第に家庭からの連絡も入らなくなってきました。連絡を入れて欲しいと頼んでも、なかなか連絡してもらえず、担任が連絡してようやくつながるのは夕方になってから。聞くと体調不良とのことですが、どうも昼夜逆転して奈津子が朝起きないものだから、お母さんは奈津子を置いたまま仕事に出掛けているようです。最近は家庭訪問しても会えない日が多くなりました。プリントを届けたり、教材を届けたり、一方通行の働き掛けでも、奈津子の気持ちがクラスに、学校に向いてくれたらと願って足を運ぶのですが、いっこうに変化が見られません。」

報告から担任の徒労感が伝わってきます。熱意と情熱を持って問題に取り組めば取り組むほど、変化が見られないという状態は、対応する者を無力感で苦しめます。一方、お母さんはというと、あきらめさえ感じられます。この不協和音はいったいどこからくるのでしょうか。引き続き他の先生方から、奈津子や家庭について情報を出してもらいます。

「家の中がとにかく乱雑で不衛生。これまでにも何度も整理整頓をお願いしてきましたが、いっこうに改善の兆しが見えません。」

「以前、お母さんから奈津子が学校に行くと言っているので迎えにきて欲しいと連絡があって、迎えに行きましたが、いざ迎えに行くと出て来られないということが続きました。」

会議室にため息がもれる。

「学校がいろいろと働き掛けても、お母さんに協力の姿勢が見えません。これでは意味がないように思えます。なんとかお母さんを変えることはできないでしょうか。」

しだいに非難の矛先はお母さんに向かいます。お母さんに対する不信感が手にとるように感じられました。

不登校の場合、学校が子どもの状態を知る機会は非常に限られてきます。子どもがどんな風に過ごし、何を思っているのか、保護者はどのように考え子どもに接しているのか。生活実態を明らかにすることは、なぜ不登校という状態に陥っているのかその原因や背景を理解する上でとても重要です。さらに、保護者と学校が共通理解を深めることで、支援は大分やりやすくなります。しかし、本事例のように、保護者と学校の足並みが揃っていないことが意外と多いのです。このような場合、保護者と学校の間に第三者が介入することで、相互理解が深まったり、支援そのものの流れがスムーズになることがあります。

2　頼れる人がいない

奈津子のお母さんとSSWrの面接が計画されると、即座に実行に移されました。これはできるだけ早く奈津子の状態を知りたいという校長の配慮によるものでした。たまたまお母さんが学校に訪れるという日をねらって、校長がSSWrをお母さんに紹介してくれたのです。

ソーシャルワークの対象は、自ら支援を求めている人ばかりではありません。モチベーションの低い相手の場合、限られた情報をもとにどこに話の糸口を見出そうか、どこで同じ目線に立つことができるだろうかと考えをめぐらせます。本事例においても、お母さんはSSWrとの面接を希望しているわけではなく、むしろ校長の勧めを断れずSSWrに会わざるを得ない状況であることは容易に想像できました。そこで、なるべく威圧感や強制力を感じさせないよう、まずはお母さんとの関係づくりに目標を置き、お母さんに会えてよかったと思ってもらえるように心掛けました。

「四年頃から反抗的になって、私の言うことなんかちっとも聞かなくなりました。仕事も忙しいからじっくり関わってやることもできなくて。」

「仕事しながら家の事もするって大変だと思う、わかります。」

「家の事もきちんとしないとって思うんですけど、苦手で……。奈津子がどうして学校に行かないのか。相談しようにも、頼れる人がいないんです。」
お母さんの言葉を聞いて愕然としました。この二年間、担任は足しげく家庭訪問し、電話を掛け奈津子を気に掛けていたにもかかわらず、お母さんにその支援は届いていなかったのです。このことはつまり、学校側のこれまでの働き掛けが、ひとり相撲で終わっていたことを意味していました。

3　家族を支える

子ども側に立って問題点を捉えようとすると、どうしても保護者の至らないところに支援者の視線は向かいがちです。大切なのは、足りないところをいかに補っていくかということ。至らない状況に陥るには、それなりの背景や原因が保護者自身にもあったはずなのです。

奈津子の事例の場合、お母さんと協力関係を築き、保護者と学校が同じ目標に向かって問題解決を目指すことが必要だと感じられました。そこで、これまでのお母さんのしんどさ・無念さに耳を傾けてみると、母子登校を試みたけれども長続きしなかったこと、幼い頃から自己主張が強い奈津子に対して育て難さを感じてきたことなどが語られました。このことはＳＳＷｒにかすかな光を与えてくれました。お母さんは何もしてこなかったわけではありませんでした。お母さんなりに関わろうとしてきたけれども、うまくいかなかったのだということがわかったのです。そして次に、お母さんにできること、言い換えればお母さんにしかできないこととも言えますが、つまり奈津子の家での様子を知らせに来て欲しいと依頼しました。何よりも奈津子の情報を届けてもらうことが支援に役立つこと、それにはお母さんの力が必要だと伝えると、ためらいがちだったお母さんがどうにか仕事の都合をつけて学校に足を運ぶようになったのでした。

4　チームプレー

支援を進めていくには根気とチームによる支え合いが必要でした。というのも、仕事の多忙を理由に、お母さんが面接をキャンセルすることも少なくなく、経過は決してスムーズではなかったからです。これまでは担任がひとりで試行錯誤しながら奈津子の対応に当たっていましたが、ＳＳＷｒが支援に加わり、学校ではケース会議が定着しつつありました。関係者が集まって情報を出し合うと、自分ひとりでは見えなかったことが見えたりして、支援方法を見直すことができました。よく経過を見ていくとお母さんのキャンセルには理由となる背景があることもわかりました。奈津子に動きが出てきたときに、お母さんの動きが低下する傾向が見られたのです。そのたびに、ほんの小さな良い変化を見つけてお母さんの苦労をねぎらったり、励ましたりしました。そんなお母さんのペースに合わせた支援に対して、教員からは苛立ちの声があがることもありました。すぐに理解を得ることは困難でしたが、奈津子が訪問時に顔を見せたり、電話で話ができるなど、少しずつ変化が見えてくるにしたがって教員の理解も進みました。

どんな問題に対応するにも、対応する人、機関によってそれぞれできることとできないことが必ずあります。不登校・引きこもり事例となると、子ども・生徒が昼夜逆転した生活を送っていることは少なくありませんし、学校が家庭での子どもの様子を知ることは難しくなってきます。対応するのに家族との協力は不可欠なのです。同様に、子どもの行動一つをとって見ても、学校の先生や専門家の話を聞くことによって保護者は子どもの状態が良く理解できたりするものです。一人では見えないことも、いろいろな人・機関で見ることによってあらゆる角度から事象を捉えることができるのです。関係者が一堂に集まってケース会議を開くことは、校内といえども時間の制約があり難しいかもしれません。ほんの数分を利用してごく限られた人数での話し合いになることも実際は少なくありません。いかに校内体制に工夫を凝らし協働で取り組んでいくかということが対応のポイントとなるのです。

5　「楽しかった」経験を積むこと

明子は中学一年。小学校では不登校でしたが、中学入学を機に友人が迎えに行ったことがきっかけとなり、少しずつ保健室登校できるまでになっていました。しかしなかなか保健室登校も定着しませんでした。週に三日も登校すればいい方で、週に一～二日しか登校しないことも少なくありませんでした。保健室に登校すると、担任が用意してくれたプリントを一枚仕上げるのがやっとといったところで、弁当を食べると家に帰りたいと訴えます。保健室では養護教諭が対応に当たっていましたが、養護教諭も無理をさせては後が続かないと思い、様子をみて押したり引いたりの対応をしていました。ＳＳＷｒが明子の様子を見に行くと、ちょうど漢字のプリントに取り掛かっていました。ほとんどちんぷんかんぷんといった様子で、二〇問の漢字の問題をするのに半日かかっていました。こんな状態が一カ月ほど続いた後、明子はぱたりと登校しなくなってしまいました。お母さんに話を聞くと、明子は学校に行きたくないと言い、どうにもこうにも動かないということでした。また、明子は家でマンガを描いたり、手芸やゲームをして過ごしていることがわかりました。

不登校生徒の対応のポイントは、生徒が登校した時に「楽しかった」「来て良かった」「また来たい」と思えるかどうかという点にあります。したがって、生徒の状況を見ていく際には生徒が何をすることができないか、どんな時に困難を感じているかだけではなく、何に興味関心を持ち何を得意としているかという点もとても重要な情報となります。そして支援計画を立てるにあたっては、生徒ができている点、意欲が見られる点に焦点を当てることがポイントとなります。人は誰でも苦手なことに取り組むにはかなりのエネルギーを費やさなければなりませんが、好きなこと・興味関心のあることには取り組みやすいのです。

6　柔軟な対応

さっそくケース会議を開き、今後の対応について話し合うことになりました。

「手芸に関心を持っているようなので、手芸道具を持って学校に来るように誘ってみてはどうだろう。」

「保健室で手芸をしているのを他の生徒が見たら何と言うか。しめしがつかないのではないか。」

いろいろな角度から意見が出されました。学校という一つの大きなまとまりの中で方策を考える際、必ず突き当たると言っていいのが、この個別対応の問題です。いかに柔軟な対応ができるか、それは学校の力量に関わる重大な問題と言えます。そこで、これまでの経過をもう一度振り返ってみます。

・明子はこれまで長期にわたり不登校だったが、中学になりようやく学校に足が向かうようになった。

・これまで保健室でなんとかプリントをこなし、努力しようとする姿勢がうかがえる。

・学習習慣が身についていないことや、学習がかなり遅れていることから、学習課題を一人でこなすには負担が大きいと推測される。

生徒に何らかの動きが見られた時に支援を入れていくのを不登校対応の基本と考えると、この機を逃す手はありません。検討の末、保健室以外の別室を用意し、個別で対応していくことで話はまとまりました。それでは一体誰が対応するのか。今やどこの学校も教員数は限られており、個別に対応できる人材を見つけ出すことは容易なことではありません。校内態勢を整えるのに、さらなる困難が浮上しました。

7　学生ボランティア

最近は多くの自治体で、学生ボランティアを積極的に活用していこうとする動きが見られます。市町村あるいは都道府県単位で学生ボランティアを募り登録制にして、要請があれば派遣するといった具合です。調べると明子の中学校が存在する市でも、市教委が学生ボランティアの派遣を実施していることがわかり、早速校長が派遣を要請しました。市教委では即座に申請が認められ、学生ボランティアが派遣されることになりました。そこで、担任を中心に他の先生方の協力を得ながら、学生ボランティアとＳＳＷｒが対応するということで、まずは明子の興味関心を糸口に「学校に足が向くよう働き掛けること」が目標に掲げられました。また、保護者にも学校の支援の方向性を伝え、手芸道具を持って学校に来るように明子への働き掛けをお願いしました。翌日、手芸道具を携え明子が登校したのでした。

8　あこがれ

保健室では常に他の生徒が入室する可能性がありますが、別室は校舎の奥まった所に位置していたこともあり、守られた空間で明子は安心感を得たようでした。また、お姉さん的な存在である学生サポーターに次第に打ち解け、小物作りをしながらいろいろなことを話すようになっていきました。そのうちに明子は、ある人気スターが出演している映画の原作本を読みたいと持参するようになりました。

「先生、この映画観た？　○○がすごくかっこいい！」

多くの女学生が抱くであろうスターへのあこがれを明子も抱き、胸躍らせているのでした。あこがれとはなんとエネルギッシュなのでしょう。明子は漢字が読めず原作本がなかなか読み進められなかったことから、漢字の勉強を始めました。教材は、明子がやる気を失わないように、八割方できる程度のものが用意されました。

「これなら私にもできるわ。」

明子は気をよくして少しずつ継続的に取り組みました。その後、明子は算数程度の計算問題にも取り組みました。この頃には明子は学生サポーターに信頼を寄せ、自分の将来の夢についても話すようになっていました。

第5章　サインA、サインB——発　達

1　行き渋り

「四年生に秀二という子がいるんですけど、ここのところ欠席が多いんです。登校するときも昼近くになってからだったりして……。今日も来ていません。」

六月の初めのある日、生活指導担当の西山先生が心配そうな様子で伝えてくれました。

休み時間に、担任の大平先生に、秀二が休みがちであることを尋ねてみたところ、

「そうなんです。なんかエネルギーがないというか、とにかく一週間もたないんです。」

特に月曜日や木曜日に休むことが多いということでしたが、この一週間は連続欠席だそうです。

「なるほど、それは気になりますね。秀二くんはいつからこんな感じになったんですか?」

「一年のときはさほど気にならなかったようですが、二年生の三学期ころから、時々休み出した

と聞いています。昨年は、欠席のときは、必ず母親から体調不良の電話連絡があったようです。でも、今年は電話連絡がある日と無い日があります。連絡がない日は、こちらから電話しても出ないこともあれば、電話に出て『まだ、寝ています。あとから必ず行かせます』ということもあります。そして、そのとおりに母親に連れられて登校する日もあれば、欠席する日もあります。この一週間は、毎日体調不良欠席の連絡がありますね。」

「今年のほうが行き渋り傾向が強くなったのですか？」

「はい、そうみたいです。登校すればそれなりにお友達とも楽しそうにしていますが……。」

この後、西山先生と相談の上、ケース会議で秀二のことを検討することにしました。

２　初回ケース会議

初回のケース会議の参加者は、担任、兄の小六の時の元担任、生活指導担当、校長、教頭、教務、特別支援コーディネーター、ＳＳＷｒです。最初に、担任の大平先生から、秀二について出欠状況を中心とした説明がありました。そして、家庭については、

「家族構成は、会社員の父、専業主婦の母、中二の兄、小四の秀二の四人です。お母さんは少しお疲れのような感じがします。お父さんについてはよくわかりません。」

ということでした。その後、担任や他の先生方からも出された秀二に関しての情報をまとめると、次のようになりました。

「クラスでは、穏やかで、二、三人の友達と、静かに遊んでいる。優しい子どもである。ノートは出しても開かない。板書は写さない。理科は大好きで、算数も計算が速い。でも、文章問題や作文は全くやらない。漢字は大嫌い。宿題ができていなかったり、予定がわからないと登校を渋る。兄と一緒にかなり遅くまで起きていてゲームをしている。」

兄に関しては、兄の小六の時の元担任から、次のような話がありました。

「兄は、他の子と比べると、幼くかわいい感じでした。勉強もできるほうだし、教師とは話ができるのですが、クラスの友達とはうまく付き合えない子で、よくトラブルがありました。三学期のある日、ささいなことで、クラス全体を巻き込むようなトラブルを起こしました。でも、これはすぐに解決して、みんな元気に学校生活をおくっていたのですが、彼は登校しなくなりました。そして、そのまま卒業しました。小学校の最後の日々を楽しく過ごし、みんなと一緒に卒業してほしいと思って、お母さんとは、いろいろとやりとりをしましたが、こちらの思いをうまく伝えられませんでした……。」

生活指導担当の西山先生が続けました。

「彼は、中学に入った直後はしばらく順調に登校していたみたいですけど、中一の一学期の後半から休みがちになり、中一の二学期からは不登校になっているようです。」

家族は、秀二に多大な影響を与える環境です。家族についての情報を得ることは、秀二について検討するには大事な要素です。そこで、引き続き質問してみました。

「兄は、どんなトラブルを起こす子だったのですか。」

すると、特別支援コーディネーターの村本先生がおもむろに話し始めました。

「僕は、兄が小三のときから知っていました。彼は悪気はないんです。でも、人の嫌がること、傷つけることを、平気でポロっと言っちゃうんです。すると、相手が怒ってケンカになるんですけど、そうすると彼の方がパニックになって止められなくなる……。彼は気が向くと、僕のクラスにも遊びに来ていたので、僕も、時々来校するお母さんと、廊下で挨拶程度の立ち話をすることもありました。」

村本先生は、当時から養護学級の担任をしています。

「実は、この一〇日ほど前、学校の近くでお母さんにばったり会ったので、兄の近況を尋ねたら、学校に行く代わりに、ホッコリ広場に通う予定だと言ってました。」

ホッコリ広場は、教育支援センターの愛称です（従来の適応指導教室のこと）。中学校からの勧めで、教育支援センターにつながったのであれば、保護者と兄は、中学校とはそれなりに関係ができていると考えてもいいのかもしれません。また、秀二の兄がホッコリ広場に通うようになったら、秀二の環境の大きな変化となるはずです。秀二の行き渋りは、兄が家にいるようになって、まもなく始まっているからです。

こうして、皆で秀二自身についてや、その背景について話し合って、秀二を中心としたイメージをもってみました。秀二には、見通しを持つことや、文字を書くことや、読み取りについての支援が必要なのかもしれません。また、兄にも、人間関係の作り方に支援の必要があるのかもしれません。でも、保護者にはそのような認識がないのかもしれません。また、母親には、二人の子どもの行き渋りや不登校による、精神的な疲れがあるでしょう。更に、トラブルの多かった兄のことで、母親は小学校にいい印象を持っていない可能性もあります。家庭と小学校との信頼関係を立て直し、母親への支援をしながら、学校と家庭が協力して、本人に適した生活環境を用意する必要があるようです。

最終的には、秀二が、毎日元気に登校できるようになってくれればいいのですが、今回は、学校、本人、家庭との信頼関係を構築すること、秀二が次の校外学習に参加すること、を当面の目標にしてみました。また、そのための役割分担も決めました。

まず、担任は、秀二や母親の気持ちに寄り添いながら関わります。ＳＳＷｒは、信頼関係構築をサポートします。そして、担任の家庭訪問に同行するなどして、もっと秀二自身を理解するよう努めます。また、担任は、特別支援コーディネーターやＳＳＷｒと相談して、秀二が校外学習に参加しやすいような条件を整えます。教頭と生活指導担当は、兄の中学校、教育支援センターと連携します。そして、生活指導担当は、担任と情報交換しながら状況把握をします。最後に、二週間後にもう一度集まって、それまでの状況をもとに話し合うことを約束しました。

3　お魚博士

ケース会議終了後、担任の大平先生とＳＳＷｒは、その日のうちに家庭訪問をすることにしました。大平先生に電話で、相談の専門家が一緒に行ってもいいかと聞いてもらい、ＯＫがでたのです。家庭訪問すると、秀二がドアの外でウロウロしていました。こんにちは、と挨拶をしても黙っています。でも、嫌がっているでもなくドアをあけてくれます。玄関先から声をかけると、もの静かな雰囲気の母親が出てきました。大平先生から紹介されて、

「今日は秀二くんに会いにきました。」

と伝えると、

「ほら、シュウちゃんに会いに来てくれたんだって」

と、母親が秀二をうながして「こんにちは」を言わせました。大平先生が秀二のために連絡プリントや宿題プリントを渡しながら話しかけます。秀二は下を向きながら「うん、うん」とうなずきま

す。しばらく様子を見て、こちらから話しかけてみます。

「秀二くんは、算数が得意なんだってね。すごいね。計算が好きなの？」

「そろばん習ってる。」

秀二は学校に行かない日も、そろばん教室は欠かさず通っていると言いました。もう一年になるといいます。秀二は、まだ、うつむいたままです。

「学校はしんどい？」

「うん。」

「そうか、秀二くんは学校はしんどいんだ。」

「学校はうるさい……。」（そういえば、秀二は友達と静かに遊んでいるということだった。）

母親が、

「シュウちゃん、社会の時間は好きでしょ。」

と助け舟を出してくれます。すると少し間をおいて、

「理科の方が好きかな。」

と初めて秀二が自分から話し出しました。

そして、急に秀二が二階に駆け上がって行ったかと思うと、がさがさ音がして、まもなく抱えきれないほどの魚類図鑑を持って降りてきたのです。そして、そのうちの一冊をＳＳＷｒに差し出し

ました。

「そうかぁ、お魚が好きなんだ。もしかして、この本の中にあるお魚の名前を全部知ってるの？」

秀二は、誇らしげに大きくうなずきます。

「じゃあ、どれくらい知っているか試してみよう。」

適当にページを繰りながら、秀二に質問をしていくと、ほとんど完璧に答えます。その都度大平先生と二人で驚嘆の声をあげているうちに、なんとも明るい雰囲気ができてきました。母親も、にこにこと秀二を見守っています。

「大平先生、そういえば、今度四年生は校外活動で水族館に行くんじゃありませんか？」

「そうです。来週の水曜日に行きます。そうそう、その水族館にはとても珍しいお魚がいます。」

「そうですか、いいなあ。私はついていけないから、秀二くん代わりに見てきて教えてね。どんなお魚で、なんていう名前か。」

「うん、いいよ。」

秀二が、好奇心と決意が入り交じったような表情を見せます。

「ほんと？　うれしいな。じゃあ、次に私が学校にくるのは来週の木曜日だから、そのとき教えてね。」

「わかった。」

と秀二は言って、にっこり笑いました。いつの間にか私たちは視線を合わせて会話をしていました。

「よかった。そうそう大平先生、水族館にいくための説明会はいつですか。」

「明日です。明日水族館へ行くための細かな説明会があります。それは出てほしいな。」

そのあと、大平先生は、月曜日も校外活動の係決めがあり、火曜日も、持ち物の最終確認があるとか言って、秀二が毎日学校にくる目的を示しました。そして、もう一回確認しようと、すかさずメモに書いて秀二に渡し、一緒に復唱したのです。大平先生は勘が鋭く機転が利きます。

「秀二くん、大平先生はなんでも知っている先生だけど、お魚のことはよく知らないみたいなの。これから毎日ひとつずつお魚の名前を教えてあげてくれる？　ひとつでいいんだよ。」

「いいよ！」

と秀二は胸をはりました。それを見ていた母親もすかさず
「シュウちゃんは先生の先生をするんだ。しっかりね。」

と合いの手を入れてくれます。大平先生も、よろしくね、と歩調を合わせてくれます。

思いがけない展開になりましたが、大平先生と楽しい気持ちで学校にもどりました。

秀二が登校したときの学級環境の調整です。彼には、ひとつひとつ具体的な指示が必要であると仮定して、一番前で、担任の視野に入り易い席にすることにしました。さて、次は秀二の言う「学校はうるさい」という事柄については、音も含めてどういう状況が嫌なのか、もう少し観察をすることにしま

した。苦手な漢字は宿題の軽減とパターン化をはかり、ノート写しについては、より具体的にひとつひとつ指示を出すことにしました。そして、約束の「お魚学習」は、大平先生が教室の卓上カレンダーに、学習した魚の名前を記入していくことにしました。そして、あとの細かい支援については、大平先生が村本先生に相談しながら工夫してみることにしました。

翌週の木曜日、秀二は現れませんでした。少しがっかりした気分でいると、机の上に、大平先生のメモがありました。

「いい報告があります。放課後お話しします。」

大平先生によると、秀二は約束通り家庭訪問の翌日から登校したそうです。そして昨日水族館にも行ったそうです。ＳＳＷｒとの約束もしっかり覚えているといいます。先生へのお魚学習も続いているとのことです。でも、今日は登校しなかったということなのです。きっと、頑張りすぎて疲れたのだろうと、西山先生も交じえて語り合いました。

次の出勤日、大平先生が声をかけてくれました。振り返ると、真後ろに秀二がいます。

「彼は、ずっとＳＳＷｒが教室に来てくれると思っていたみたいなんです。」

「そうだったの！　ごめんね。長いことまたせちゃったね。（しまった！　具体的に場所も決めておくべきだった）。」

秀二は水族館で見た珍しい魚の名前や形について、簡単な説明をした後、ほっとした顔で教室にもどっていきました。

4　母

その日は、母親とSSWrとの面接の日でした。母親は約束の時間にやってきてくれました。

先日の家庭訪問の後から、秀二の登校が順調になり始めたことを喜んでおり、家庭連絡を密にしながら、秀二に関わってくれる担任に、とても感謝していると言いました。ぽつりぽつりと語る母親の記憶の中の幼い秀二は、「いつも一人で遊んでいて、手がかからなかった子ども」ということでした。しかし、話が兄のことに触れると饒舌になり、しまいには涙ぐむのでした。その内容は、「兄が小学校でも中学校でもいじめられ、そのために学校へ行けなくなっている。兄はどうなってしまうのか。今のままでは進路も危うい。中学校には行ってないので周りの様子がわからない。教育支援センターには、実家の母からの勧めがあって相談に行った……」というものでした。きっと長い間心労が続いているのでしょう。母親の「しんどさ」が手に取るように伝わりました。父親の関わりについても、少し話題を向けてみましたが、仕事が忙しいから、なかなか話ができないと言うだけで、詳しい話はありませんでした。

「お母さん、いろいろと大変なことがある中で、よく頑張っておられますね。秀二くんも、毎朝しっかり送り出していただいていて、ありがたいと、大平先生から伺っていますよ。これからも、いろいろと相談させてもらいながら、一緒に秀二くんを支えていけたらと思います。」

「はい、ありがとうございます。秀二は、このままいってくれたらと思います。でも、兄の方が心配で……。」

「お母さんの心配な気持ち、よくわかりますよ。お兄ちゃんのことについても、来年の進路のこともありますし、一度、中学校の先生に相談してみてはいかがでしょう。」

「学校に行ってもないのに、いいんでしょうか……。」

「もちろんです。」

そして、中学校には、担任をはじめ、学年主任、進路担当、生徒指導担当等の先生やSCの配置もあり、相談体制ができていることを伝えました。一方、家庭の生活リズムは夜型で、特に、決まり事もないようでした。二人とも、なかなか起きてこないということなので、

「起きる時間と、寝る時間だけでも決めて、部屋に貼ってみるのもいいかもしれませんね。」

と提案してみると、

「そんな簡単なことで、効果があるのでしょうかねぇ。」

といぶかしげな様子でしたが、それでも少し明るい表情になって、母親は帰って行きました。

5　継続ケース会議

継続ケース会議の参加者は、兄の元担任以外の、前回のメンバーです。まず、前回決まったそれぞれの役割から報告があり、それらを踏まえて、今回は、兄のホッコリ広場への通級を図ることと、秀二の登校の継続を図ることを目標とし、役割分担も決めました。まず、管理職一名、生活指導担当、担任、ＳＳＷｒが、中学校と教育支援センターとの連携ケース会議に参加し、共通理解のもとで機関同士の役割分担を決めます。担任と生活指導担当は、秀二の登校状況や変化について常に情報交換します。また、担任は、秀二への個別支援を継続します。特別支援コーディネーターは担任をサポートします。母親支援の役割は、担任とＳＳＷｒが担います。

6　連携ケース会議

小学校、中学校、教育支援センターとの連携ケース会議には、小学校側と、中学校の生徒指導主事と兄の担任、教育センターの相談員が参加しました。中学校は、兄に関する情報をほとんどもっていませんでした。母親とも簡単な会話しかできていなかったそうです。一方、教育支援センターからは、兄は行事には楽しそうに参加しており、友達もできた。一昨日から通級も始まった等の報告がありました。それらを踏まえて、兄弟それぞれの登校、通級が安定することを目標にしました。そして、それぞれの機関が、信頼関係を築くことを中心に、母親と兄弟に関わり支援します。特に、中学校は、教育支援センターと相談しながら、兄への理解を深めること、また、兄の進路について不安を持つ母親に対し、担任や学年主任が、寄り添いながら支援すること、タイミングを見て、父親の来校も促してみることを共通理解しました。また、三者は定期的に情報交換すること、次回の連携ケース会議は、学期末に開催することを申し合わせました。

7　子どもの最善の利益のために

今回のケースでは、兄は、少なくとも小学校のときから、さかんにサインを出し続けていたのだと思います。秀二のサインは兄ほど激しくはありません。しかし、おそらく二人のサインは幼児期からあったでしょう。ただ、当時はまだ発達上の特性について、現在ほど議論されてはいなかったため、周囲の大人も、二人のサインに気づけなかったのかもしれません。

不登校の背景には、「発達上の特性」があることが少なくありません。学校に、自分に合った環境や対応が用意されないために、息苦しく、不安になってしまったり、傷ついてしまうのです。また、そのような我が子に対して、どうしていいのかわからず、保護者が疲弊してしまっていることも少なくないでしょう。こうした場合、まず、学校が、子どものサインに気付くことが大切です。しかし、すぐに診断機関につなげようと考える前に、今、保護者に、子どもの特性を受け入れる力があるかどうかを見極める必要もあります。保護者が子どもを受け入れ、家庭と学校に協力体制ができてこそ、効果的な支援が可能になるからです。そのためには、まず、学校と家庭が信頼関係を築くことが不可欠です。同時に、学校自らが個々の子どもの特性に適した対応を図ったり、学校環境の調整から実践していくことが、子どもと保護者を力づける大切な要素であることも忘れてはならないでしょう。

また、子どもを支えるのは、家庭や学校だけではありません。地域の社会資源が大事な役割を果たしてくれることも少なくありません。子どもを中心に、家庭、学校、地域が信頼関係のもとで協力して子どもを支えていくことが、「子どもの最善の利益」につながるのです。

ＳＳＷｒは、そのような「つながり」ができるように、まず、学校を、そして家庭を支援します。学校や家庭は、子どもの支援者であると同時に、子どもにとって重要な生活環境でもあるからです。そして、個々の子どもを理解し、その子どもへの支援をどう計画し、展開することが効果的であるかを、常に視野におきながら、全体の「つながり」を大切にする専門職でありたいと思います。

市教育委員会からの期待

学校現場へのスクールソーシャルワーカー配置による成果は、不登校や様々な問題行動の未然防止、そして、虐待をはじめ子どもたちの生活における問題の早期発見と早期対応の充実です。学校をベースにした福祉的アプローチにより、子どもたちと、子どもたちの生活をより効果的にサポートできるようになりました。それを可能にしたのは、ケース会議の定着と充実にあったと考えています。

これまで、小学校現場では、担任が個々の児童の問題を一人で抱え込み対応する傾向がありました。また、それをやりきるのが担任の力量ともされてきました。しかし、急激な社会変化に加え、家庭や問題の多様化により、子ども一人ひとりの課題を担任一人で抱え込むことは難しくなってきています。だからこそ、ケース会議のアセスメントとプランニングをもとに行うチームアプローチは、子どもを取り巻く環境改善に成果をあげるだけでなく、担任の安心感と教職員の連帯感も生み出してきています。

また、中学校の生徒指導においても、ケース会議の目的を「子どもの最善の利益の実現」と改めて確認することで、これまで見えていなかった子どもの課題に目を向け、より効果的な支援を行うことになりました。

このように、学校現場へのスクールソーシャルワーカーの配置は、小学校の組織改革、小中教職員の意識改革を促し、さらには、学校の取り組みの限界を明らかにし、関係諸機関との一層の連携を推進しています。

平成19年度からは特別支援教育が本格的にスタートします。学校現場には、学校組織としてのケース会議の定着と充実、「どうしてなのだろう。変だな」という気付き、「困った子から困っている子」「困った親から困っている親」へという視点の転換が求められています。寝屋川市では、各小中学校の生徒指導担当者・特別支援教育担当者を対象に、「ケース会議のコーディネート研修」を行いました。今後、課題を抱える子どもたちに、より効果的な支援を行えるよう、各校でのケース会議の定着と充実を図っていきたいと考えています。

寝屋川市教育委員会　教育指導課　指導主事　**杣　順子**

第Ⅲ部　校内のシステムづくり、連携システムづくり

スクールソーシャルワーク活動の大きな役割のひとつである個別事例に限らない「つなぐ」仕事、ミクロだけでなく、メゾ、マクロ実践として、学校サイドの視点から、校内システムや連携システムをどのように作っていくかを探っています。

第1章　校内システムができるまで
――スクールソーシャルワーカーが入っていない学校での取り組み

1　新しい学校

「先生にお願いしたいことがあるのですが。」

赴任のあいさつも早々に、校長先生から言われた言葉を今も覚えています。想像以上に多い不登校の子どもたち。障害児学級を受け持つ予定の私に、入級していないが特別に見て欲しいと言われた子どもたち。どんな子どもたちなんだろうと、期待と不安を抱えながら新学期がスタートしました。

職員室のあちこちで、問題行動を起こしている子どもの話は、飛び交っているのですが、全体では共通理解がなかなか進んでいないことを知りました。そこで一学期の手始めに、見えていて話が成り立ちやすい不登校について研修会を持つ計画を入れました。手をつないでいくためにも養護教諭と具体的な話を毎日積み重ねていき、六月に事例報告会を持つところまで進めることができました。

「年間計画にないことを入れてこないで欲しい。」

「不登校の子のことは、みんな知っているのに何でわざわざ全体で話さないといけないのか。」

どんなにせっぱ詰まっていても、一つ一つクリアしていかなければならないハードルの高さを感じずにはいられませんでした。事例研を開くまでに下準備として、他の関係機関に相談している子ども一人一人について、担任、教頭先生を誘って、学校としてどう対応していけばよいか相談に行きました。私と話を重ねていくと、頭が痛くなりそうだと言っていた教頭先生の
「今では、この子の生かせる場があればいいのでは？　と思えるようになったわ。」

と、言われた言葉が大きく作用し、事例報告会をささやかながら開くことができました。話し合いの中で、発達に関係していると思われるものと、虐待に関係しているものが浮かび上がってきました。早急に、全体理解を進めるために、「発達課題を抱えた児童の理解と対応について（不登校・ＡＤＨＤの概要）」という講演内容の研修会を七月に開くことに決めました。養護教諭と相談して、教育現場のこともよく知っておられる奈良県立医科大学看護短期大学部の飯田順三先生に来ていただきました。事例として二人の子どもの様子について担任が話をし、学校全体で考えていく学習ができました。また、お医者さんの話を聞くことも、とても新鮮で少し新しい風が学校に吹いたような気がしました。その後、保健室登校、対話室登校、職員室登校の子どもたちが現れ、いろいろな考えを持っている先生たちも共通理解し、さまざまな声かけをし合うようになってきました。いろ

いろ問題を抱えながらも少しずつ学校に居場所を見つけていった子どもたちでした。

2　年間計画にしっかり居場所を見つけた事例研修会

毎月の人権研修委員会で、少しずつ子どもたちの話が公然と話し合われるようになってきました。そのうち、不登校として九人があがってきました。研修会を開いたこともあり、不登校の子どもについての話には、担任から具体的な例がそれぞれ話されていることに気付きました。一人一人の子どもへのアドバイス（私のわかる範囲内で）や、日頃見聞きしている話をはさみながら、課題毎にまとまった話（傾向とささやかな対策）を全体の場でしていきました。いろいろ意見のある中、事例研修会が終わった後、個々の先生が私の所へ寄って来て、話を聞いていてやっぱり自分のクラスにも気になる子がいるという話が広がり、数人の先生とミニカンファレンスに自然となっていることにうれしさを感じていました。二人から始めた話し合いが、個々の子どものことで、教頭先生も交えたミニカンファレンスが持てるようになっていました。また、課題が多く、学校だけでの対応ではなかなか動かないケースについては、教育相談所、児童育成課、家庭児童相談室、発達相談（クリニック）の専門機関を保護者に紹介し、学校といっしょに相談していきました。解決の糸口を少しでも早く見つけられるように、担任、保護者の連携につながっていくように、校長・教頭先生の理解と協力を求めました。

3　大きな落とし穴

市民権を得たかに見えた事例研修会ですが、大きな落とし穴がありました。毎年繰り返される先生たちの転勤でした。三年目にたくさんの先生の入れ替えがあり、小さく積み上げてきた話し合いも出直しが必要になっていました。

「修は、教室では何も困っていません。けれど、事例研修担当の先生が、どうしても出して欲しいというので出しました。」

と、全体の場で言われてしまいました。修の抱えている課題と、学級集団の中での位置付け等について、私が話すことになりました。この時に発達障害について全体で学習を繰り返していく必要性を強く感じました。この日のまとめに特別支援教育がまもなく始まること、障害児学級だけでなく通常学級の先生たちに求められていること等について学習を進めていくことの確認をみんなで取り合いました。もう一度、一人の子どものことを話し合う時に複数の担当者が集まってする大事さを確認しました。

「なんで、こんなことするの。」

何回注意しても何回話し合っても、人の気持ちが通じない。事例研修会で話し合っても糸口が見つからない子どもたち。誠心誠意子どもに関わり、毎日毎日気にかけ、熱意を持って接してもなかなか通じない子どもたちについて、視点を変えた見方、接し方の大切さについて話し出しました。

「この子の背景に虐待がないか、気をつけて見てもらえますか。」

「気になっている子に、発達障害がないかスクリーニングしてもらえますか。」

「それをやったら、どうなるの。」

「やれば何か変わるのかなあ。」

「結果を見て、個々について担任と教室でできること、他の先生が支援できることや子ども理解について話し合いたいと思います。」

「今年の事例研修会までにやってもらえますか。」

「一人ひとりについて、具体的な対策が立てられる事例研修会にしたいので、ある程度の共通した材料をそろえたいのでお願いします。」


五年目の事例研修会からは、事前準備を共通の課題を持ってすることができるようになりました。次の年の校務分掌で、虐待担当者、発達相談担当者となりました。正式に学校の中で、虐待担当者という位置づけがされたことで、少しずつ相談されることが増えてきました。担任からの相談を職員室でしていると、周りの先生たちが、一人増え二人増えしだし、いつの間にかミニカンファレンスになっていることが、多くなりました。

この頃から、保護者、子どもがなかなか専門機関にかかわらなくても、学校として相談する体制も校内に自然とできてきました。

4 「この子の持つしんどさって何やろ」

子どもの問題行動を話すときに、担任からこんな言葉が聞かれるようになりました。毎年事例研修会を重ねても、問題が解決していくようなことはなく、次から次へ新たな課題が、私たちにのしかかってくる現状です。けれど、職員室の中での、何気ない話の中に、今日の出来事の話の中に、子どもたちへの温かい言葉が飛び交うようになっていることに気付きました。

「透がな、宿題してきてんで。ちょっと読むのたいへんな字やけどな。うれしかったわ。」

「朝、誰も起こしてくれへんのに、学校へ来たかったからって、ひとりで起きて来たんやで。宿題はしてないし、忘れ物もあるけど、けなげにがんばっているやろ。」

「先生の言うように、大きな段ボールの箱一つ置いてやったら、机の下いっぱいに散らかった私物が、きれいに片付いてるわ。がんばってやってるよ。」

来年にはまた来年の課題が見えてくるのでしょうが、職員室の中で明るく子どもの話が飛び交うことを励みに、「一人で抱え込まないで」を合言葉に、校内システムを確立していくために、地道な話し合いを重ねていきたいと思っています。

長年続けてきた事例研修会の中で、一人ひとりの子どもに対して、具体的な支援方法について話が進められるようになり、特別支援教育についての土台作りができてきたことは、一つの成果だったと思っています。

第2章　枠を越えて、小中連携会議へ発展
――スクールソーシャルワーカーからの取り組み

1　不登校のきょうだい連鎖

きょうだいで不登校になるケースはよく経験することです。そうかと思っていると、予想に反してきょうだいの一人が、他のきょうだいの不登校など我関せずと言わんばかりに、毎日学校を楽しみにやって来ることもあります。不登校の子どもたちの背景には、保護者の不安や家庭の事情が深く影響していることが多いようです。

きょうだいが幼稚園と小学校、あるいは小学校と中学校というように、所属する先が複数になってしまうと、家庭の事情や保護者の情報が断片的になってしまい、なかなか子どもの環境をも含んだ理解が難しくなってきます。結果として、その場対応になってしまったり、しばらくの間何もできなかったりして、子どもが元気に登校してくることへの支援から遠ざかってしまうこともあります。

保護者の中には、例えば、小学校に向けての態度と中学校に向けての態度が違うときがあります。

一方だけの情報、特に学校との関係が悪化している場合では、なかなか保護者との関係作りがうまくいかなくて、その先にいる不登校の子どもたちへの介入や支援が効果的にできずに、学期が過ぎていくことも多いようです。

このような状況を打開していくには、それぞれの機関で持っている情報を持ち寄ることによって、子どもや保護者の状況に理解を深め、それぞれの機関でできることを担っていくことが求められるようになってきました。

2　健司のケース会議

健司は小学五年生。一年生のときから学校を休むことが多かった児童です。二年生になると教室に入れず、別室でほとんど過ごしていました。三年生になり最初は別室で過ごしていましたが、次第に登校しなくなり、五月頃からは市の適応教室に通い始めました。四年生になると小学校に登校することができ、さらに教室にも入れるようになっていました。それでも依然、登校日数は週に二日くらいです。朝は、お母さんが仕事へ行く途中で健司を学校の近くまで送っていました。五月までは、別室で過ごしたり、教室で過ごしたり、欠席したりと、入り混じっての登校状況でした。ところが、六月頃から欠席が多くなり、登校しても別室で過ごすことが多くなってきました。先生は、来年五年生になることを考え、学年集団に戻れるように検討するため、ケース会議をすることになり、アドバイザーとしてＳＳＷｒが呼ばれました。

会議では、健司の不登校の経過と近況が報告され、二学期の対応の検討に入り、アドバイザーに意見を求められました。そこで、すぐに対応を検討する前に、もう少し詳しく健司の家庭やきょうだいのことを理解してから方針を立ててみてはどうかとのアドバイスをしました。よく聞いていくと、健司には中学一年のお兄さんがいて、小学校二年生から不登校であったこと、そして中学生になっても欠席がちであることなどがわかりました。また、お母さんも含め、家族の皆が生活のリズムを崩し、朝に迎えに行っても、夕方に訪問しても会えないことも多いということもわかりました。お母さんは地域の人とは話をしたり相談したりすることはなく、一人で働いて子育てをしながら、子どもたちの不登校に困惑している姿が浮かんできました。

そこまで情報が集まってから、再びＳＳＷｒが投げかけます。健司が四年になってから頑張って学校に来て、その上、教室にも入っているのはすごいこと。三年間の情報からすると、今頑張っているのは健司一人の力ではなく、何らかのことがあってのことではないかと考えられること。それはひょっとして、お兄さんが中学生になったことと関連しているのかもしれないとの考えを巡らします。

先生たちは、中学のお兄さんの情報があればもっと健司のことが理解できるかもしれないと考えます。ＳＳＷｒは、もし関連しているのなら中学校と一緒に協働していく方が効果的な対応が考えられることを説明し、今回は一学期の終わり方と、夏休みの対応を協議して会議は終わりました。課題として、次回は中学校から情報をもらい、お母さんとお兄さんを含めた家庭理解をすることとなりました。

3　中学校参加のケース会議

夏休み後半、健司のケース会議を開催するとのことで、再度ＳＳＷｒが呼ばれました。課題遂行のため、中学校から不登校担当の先生が参加されるとのことでした。

中学校からの情報で、やはり一学期最初に健司が頑張っていたのは、お兄さんの登校と関連していました。二人とも登校したり、一緒に休んだりしていました。登校した日は、お母さんが、朝二人を送っていたのです。健司を途中で車から降ろして、お兄さんを学校まで送っていました。お兄さんが中学生になって頑張って欲しいとの思いから、一家で登校に向けて頑張っていたのです。もちろんこのことは小学校も中学校も知りません。小学校は、健司がやっと登校できるようになっていたので「もっと母親が送り出してくれたらいいのに……」と、一方中学校は、入学当初は登校できていたので「なんで毎日できないの……」と考えていました。そうして、六月になり、三人とも疲れてきたのか、欠席が多くなったようでした。何も支援できなかったことが悔やまれます。

もう一つ、小学校と中学校とで違っていた視点がありました。お母さんに対する評価です。小学校は、大変な中でも少しは協力的なお母さんという評価でした。一方、中学校は、長期の不登校だった子が登校できているのに、なんでもっと協力的でないのかと不信感でした。その雰囲気を感じ取ってか、お母さんは中学校からの連絡などは避けていました。でも、小学校からの訪問や電話は、すまなさそうな感じで受けていました。

4　連携プランを作る

子どもたちの様子からして、今はまだ、それぞれが自立して登校してくるのは難しく、お母さんの力が必要であることは共通した意見です。では、二学期どうしていこうかということに話は移っていきました。方針として、学校との良好な関係が取れているのは小学校なので、当面お母さん支援は小学校が担う方が良いだろうということになりました。中学校はお母さんを労いつつも、多くのことを望まずに連絡など担任業務をしっかりとしていくことで、関係作りからすることになりました。また、登校したときには健司もお兄さんもそれぞれ個別支援を入れていくことになりましたが、当面は高いことを望まずに、まず学校に登校することをしっかり経験できるようにしようということになりました。うまく連動させていくためにも、ズレが生じないようにするためにも、二学期は定期的にケース会議を持って、お母さんやきょうだいの情報を伝え合いながら、学校枠をこえての支援をしていくことになりました。不登校の小学生と中学生を抱えたお母さんの負担を減らすのも目標です。

5　連携ケース会議と個別支援会議

二学期になり、少人数ではありますが一カ月ごとに小中学校連携ケース会議が開かれました。九月の課題は運動会にどう参加すると負担が少ないのか、一〇月は音楽会の練習に参加するようにどう誘いかけるかでした。いずれも、お母さん、お兄さん、健司の状況を踏まえ、細かくプランが立てられていきました。残念ながら、全てがうまくいくことはありませんが、少しずつ中学校はお母さんとの関係がとれてきました。小学校では、少し登校が増えてきた健司に、どのような個別支援を入れるのがよいか話し合っています。そして、中学校でもお兄さんの個別支援のあり方について学年で話し合われるようになっています。三学期は、小中連携会議と、健司とお兄さんのそれぞれの個別支援会議がうまく稼動していくのが課題です。

第3章　連携事例検討会によって不可能が可能になる——市教委からの取り組み

生徒会活動が盛んなこの中学校では、体育大会のメインイベントは自分たちで作り上げた組み立て体操です。太鼓の合図で子どもたちは、実に軽快にそして美しくさまざまな形を作り上げていきます。その中心に実行委員としての祐二もいました。決して軽やかには見えませんが、他の子どもたちと楽しそうに演技をしていました。彼は担任の先生や何人かの同級生に支えられてなんとか本番を迎え、組み立て体操を披露していました。しかし、ここにたどり着くまでには、祐二自身と中学校、また関係者の並々ならない努力の積み重ねがあったのです。

1　中学校から教育委員会へのSOS

夏休みの終わりに、その相談は舞い込みました。「祐二が六月くらいから大幅に欠席が増え、登校してきても保健室で過ごすことが多い。家でリストカットもしているようで、SCにつなごうとしたが、うまくつながらなかった。そうこうしているうちに夏休みに入ったので、本人や家庭の状況も把握しにくく、非常に心配している。また、母親は、学校にいけない原因が友達関係にあるとして、学校にのみ責任があるように激しく責めたててきた。しかし、学校生活の様子からは、祐二には発達上の課題があるように思うし、家庭ではネグレクト状態にあるようで、保護者にいろいろアプローチしてきたがうまく伝わらない。どのように対応し、支援をしていけばいいのか考えたいので、力を貸して欲しい。」というものでした。

ちょうど本市では虐待防止ネットワーク事務局を中心にして、子どもたちや家庭の課題にアプローチするために各校でカンファレンスを広め、その支援を関係機関との連携の中ですすめているところでした。この中学校でもその流れを受け、カンファレンスを開き、支援の方策を考えていこうということになりました。

そこで、まず学級担任をはじめとして、祐二に関わっているすべての教職員が情報を持ち寄り、整理しました。具体的には生徒指導主事が中心になりシートを作り、祐二の家庭に関する基礎的な情報をまとめました。また、事務局ではカンファレンスの準備段階として、彼の情報を持つ関係者から情報収集し、連携の調整を行いました。

具体的には、祐二が母親と共に不登校の相談に行っていた児童相談所、祐二が通院していた診療内科（母親の了解を得た上で話を聞いた）、地域の関係者等から情報収集を行ったところ、祐二の家庭における状態から保護者のストレスが高く虐待の危険を具体的に感じさせる言動があること、多量の服薬のおそれ等から緊急の対応が必要と思われる状況にあること、祐二の学校不適応・社会不適応の背景には保護者の課題が大きいように感じられること等の情報が得られました。

その結果を受けて、祐二とその家庭に関する情報を整理していくと、不登校でその保護者が学校にクレームを言ってきているだけというような単純な問題ではないということがカンファレンス以前に明らかになりました。しかし、他方で、児童相談所は家庭支援の必要性は認めつつも不登校ケースとしての見方が強いなど、関係する各機関での情報のずれや温度差が大きく、リスクに対する見立ても大きく違い、緊急にきちんとした見立てをする必要性があることがわかりました。

事務局では、上記の情報を総合的に判断して、虐待ケースとして捉え、すぐに児童相談所に通告するとともに、中学校を軸にして祐二に関する情報をもつ関係機関（小学校、ＳＣ、児童相談所、地域の関係者、事務局）で早急にカンファレンスを開催するように調整しました。

2　急展開（第一回カンファレンス）

祐二と保護者は児童相談所の働きかけにより、すぐに紹介された病院で診察を受けました。ところが、全く予想していなかったのですが、祐二はその日のうちに入院することになり、私たちは早急に今後の対応策を考えなければなりませんでした。

そこで、入院直後すぐに第一回目のカンファレンスを開きました。本来ならば、このカンファレンスできちんと見立てをし、今後の支援方策を練っていくつもりでした。ところが、予想外の展開になってしまったため、早急に祐二の現状の見立てを行い、今後の支援ビジョンを検討しなければいけなくなりました。

カンファレンスでは、小学校時代、彼は周囲の子どもからからかわれ、暴力を振るっていたこと。しかし、学級担任がなんとかまわりの子どもとの折り合いをつけ、居場所を作っていたこと等が報告されました。また、地域の関係者からは、彼が家で日常的にパニックを起こしていること、最近非行傾向が顕著なこと、多量の服薬の危惧等が報告されました。児童相談所からは、彼が他の姉妹と一緒に以前から相談に来ていたこと、今回の入院は薬抜きを中心に考えていて、母親の休養も目的であること等の説明がありました。この時点で児童相談所は、このケースを虐待ケースではなく、あくまでも母子関係の不全による不登校ケースと見立てていたようです。

しかし、中学校ではそれまでの彼への関わりや家庭訪問・面接の中で、祐二の不登校の背景にある発達上の課題、また保護者の課題（家の中の散乱、食事の確保の問題、祐二に限らず子どもたちに強く要求されると母親はなんでも言いなりになること、母親自身の病気のこと、母親に対する夫の思い）等、学校内の彼の様子だけではなく、その家庭と家族を捉えたたくさんの情報が提供されました。

3　しんどい家庭背景をもった子どもに学校は何ができるのか（課題の整理）

児童相談所の話では祐二の入院期間はおおよそ二～三カ月になるだろうということでした。事務局や中学校はカンファレンスを通じて、彼の不登校の背景にある発達上の課題や家庭や家族のしんどさを痛感していたので、今後の検討課題として、

○児童相談所が母親にアプローチしながら、入院中や退院後の支援をどのようにすすめるのか。

○二～三カ月入院した後の祐二をどのように支援していくのかということを、彼が退院するまでにカンファレンスを継続し、判断していくこと（虐待の懸念をふまえ、在宅で地域の中学校で支えていくのか、施設等の入所も考えるのか。発達上の課題に対して、どのような教育的支援ができるのか）。

○家族全体を含めた家庭支援を、どの機関がどのようにすすめていくのか。

以上のことを確認し、一カ月後に中間見直しのカンファレンスを持つことになりました。もちろん、それ以外に今後も事務局を中心に、関係機関がそれぞれ密接に連絡を取り合うこと、校内でミニカンファレンスを継続していくことも確認されました。

公立中学校の限られた人員と環境の中でこのような支援を具体化していくには、いくつもの越えなければいけない関門がありました。また、祐二の家庭生活までを中学校がどのように支援していくのかということも、とても難しい課題でした。

中学校にとって、祐二の支援には関係機関（特に病院や主治医）との信頼関係の構築が急務でし

た。そこで、事務局がそれをコーディネートし、積極的かつ組織的に連携を行いました。特に、この間、祐二が入院している病院との間で積極的な情報交換の場やカンファレンスを持ち、有意義な情報がもたらされると共に、今後の支援方針の確認を行うことができました。確認されたポイントは以下のようなものでした。

（ポイント）

・祐二の診断名は広汎性発達障害であり、対人関係の処理ができず、コミュニケーションが苦手である。退院後は養護学校か中学校の養護学級での対応が適切であろう。
・地域では、祐二の広汎性発達障害への対応と母親を中心にした家庭支援の両面が重要である。
・祐二は病棟でもいくつかのトラブルがあったが、それらの行動は広汎性発達障害の子どもの特徴である。だから「いいことはいい、悪いことは悪い」と、きちんと教えていく必要がある。
・祐二の場合、学校では学習面の支援以前に、安心できる環境や人間関係を作ることが不可欠である。
・家庭では、歯を磨くことやお風呂で体を洗うこと等、きちんとした生活習慣や生活リズムをつけていくことが重要である。病院の生活の中で、今は促せばできるようになってきている。この習慣を絶やさないように地域や学校でしっかり支援してやってほしい。

4　第二回カンファレンス

参加者は第一回と同じメンバーでした。最初に中学校から病院訪問時の様子の紹介があり、広汎性発達障害への適切な対応と生活面での課題が山積していることが報告されました。次に児童相談所からは、入院中の経過と今後の見通しについての説明があり、このケースの場合、現時点における施設入所等の措置は困難ではあるが、家庭支援の視点が非常に重要だと認識を改めているという旨の話が出ました。また、事務局からは、病院とのカンファレンスの内容を紹介し、彼に関わる者が彼の特性をしっかりと認識し、きちんとした体制できめ細かに対応していくこと、この家族には家事（食事や洗濯）等の家庭支援も重要であることを伝えました。

中学校や地域に突きつけられた課題は、あまりに大きいものでした。カンファレンスでは、家庭支援のために福祉制度を利用してヘルパーの派遣等が検討できないか、というような意見も出されましたがそう簡単にはいくはずもなく、家庭支援の視点については、なかなか決定打が見つからないままでした。

5　子どもを中心に据えた専門職の連携

ここまでくれば、事務局と中学校、病院は、あくまでも彼と彼の家族を地域で支えるという立場に立って、今この状況でできることは何かということをもう一度ポイントをしぼって確認する必要がありました。

（ポイント）

・中学校では、彼の広汎性発達障害という特性をきちんと理解し、組織的かつ個別的に支援していく。

・学校という場において、入院中に彼が身に付けた生活リズムを崩さないようなプログラムを作り、学校生活を軸にしながら、彼の家庭生活の状況をできるだけ緻密に把握し、危険な状況があれば事務局を通じて、児童相談所に通告していく。

・彼が学校生活の中でいじめにあわないようなケアーをしながら、学校が彼のきちんとした居場所（認められる場所・安心できる場所）になるようにする。

以上のようなことを具体化するには、言うまでもなく人的な措置が不可欠でした。けれども、現状ではどこからもそれを得ることができませんでした。そこで、荒れの克服の中で積み上げてきたチームでする生徒指導の手法を応用し、詳細な彼の受け入れビジョンを作ることが共通認識されました。主治医は、「ぜひとも三学期に入る前にお願いしたい。必要ならば、私がスーパービジョンを示しに出向きましょう」とおっしゃいました。病院側は、学校や事務局をはじめとした地域の動き（入院後の面会やその後のカンファレンスの積み上げやその熱意）に、非常に共感してくださっていました。一人の子どもを真ん中に置いて、真の専門職の連携が始まっていたのです。

それにしても、多忙で動きづらい医師が「地域に出向いて支援をしよう」と提案してくださったのはありがたいことでした。権限を持っている児童相談所が動きにくいものを、地域と関係機関や医師で支えていこうという取り組みでした。

6　第三回カンファレンス

中学校と事務局は、退院を一週間後に控えた彼の受け入れ体制とビジョンを持って、最終の確認をするために、児童相談所とともに病院に出向いてカンファレンスを実施しました。そこで、病院からより具体的なアドバイスをいただき、以下のことを確認しました。

○ポイント１（学校での対応）

・養護学級の中に複式学級の形で、彼に対応するクラスを一つ作る。また、学年所属の職員を中心に全校体制で、空き時間を供出して個別に指導できるような特別時間割を組む。
・本人への指示は、本人にわかる言葉でわかるまで説明する。具体的には、文章に書いて視覚的に伝えることにも努力する。集団活動にこだわり過ぎないようにし、必要以上にまわりの生徒といっしょに何かをさせようと焦らないようにする。
・彼の特性を理解できない他の生徒からいじめの対象にならないように気を配ること。そのために休憩時間には必ず職員室近くで彼を見守るようにする。ただ、少しずつ慣れてきたら、実技教科や彼の得意な教科からいっしょに学習できるような見通しをもつ。
・何にでも安易にあこがれをもつ性格なので、非行面には注意する。
・健康な子ども集団の中で、できることを積み重ね、成功体験を積み上げていくことが必要。そのためには、学校行事等に積極的に参加できるような内容を工夫し模索する。
・本人が困っていることが何なのかを把握できるようにする。学校での学習の中で、洗濯や食事づくり等のスキルを身に付けられるようなプログラムを取り入れる。
・本人が興奮したりパニック状況になった時は、言葉で筋道を立てて話させるように学級担任が中心になって関わる。
○ポイント２（家庭での様子の把握）
・朝の会で本人との個人面談の時間を確保して、アンケート形式で家庭生活の状況と生活リズムや食事の確保の状況を把握する。そして、それをきちんと記録として残していく。
○児童相談所の役割
母親と定期的に面接し、ネグレクトになっていないかどうかの確認をする。何より規則正しい生活と食事、清潔な環境づくりを家庭訪問等で確認する。

7　学校での支援の始まり

いよいよ三学期が始まり、彼が登校し始めました。

中学校では、前述のポイントに沿って万全の体制で受け入れました。しかし、これは言うまでもなく大変なことでした。彼は、正式に養護学級に入級しているわけではないので、教育行政からは何の人的配慮もできません。せいぜい既に配置している介助員を、弾力的に運用することを許可できるくらいでした。そこで、当該学年の教員を中心に、本来教材研究や学級事務をするためにある空き時間を供出して、彼だけの特別時間割を組みました。そして、各々の教員がほとんど休む時間のない状態で、試行錯誤の対応が始まりました。また、支援をより実のあるものにし、学校を彼の居場所にするために、支援や指導に際しては個別の援助シートを作成し、とにかく彼の状況を正確に記録し、情報交換しながら支援を続けました。学級担任は彼の家庭生活を把握するために、「生活アンケート」も毎朝実施しました。

当初は、本人はまずまず機嫌よく登校しました。しかし、「登校途中に友だちがこっちを向いて笑った」と言いながら、泣いて登校すること等は毎日でした。また、学校での個別の学習については、入院生活での学習の成果もあって、以前よりもずいぶん意欲的に取り組めました。ところが、家庭生活の状況を聞き取ってみると、生活習慣はやや確立しつつあるものの、やはり家庭生活の支援が不可欠であることが浮き彫りになりました。

8　学校全体のモチベーションをあげ、家族を見る視点を広げる（第四回カンファレンス）

彼が中学校に復帰して、なんとか一カ月が過ぎようとしていました。この間の取り組みを検証し、主治医にスーパーバイズしてもらうために、第四回のカンファレンスを実施しました。参加者は、前回と同様です。しかし、このカンファレンスには、事務局が中学校と連携して一つ大きな工夫を凝らしました。というのは、カンファレンス前に、主治医にこの中学校の全教職員に向けて校内研修の形で、広汎性発達障害の対応について講演をしていただいたのです。そして、その後に祐二のカンファレンスを関係者で行いました。

このカンファレンスでは、学校からは養護学級での個別の支援によって、学校での生活リズムや最低限の学習は確保されていることが報告されました。しかし反面、家庭では、入院生活の中で培われたものが徐々に崩れてきていること、その崩れを防ぐのは、なかなか学校の手の届きにくい所であること等が報告されました。主治医もこのような学校の取り組みを高く評価してくださるとともに、「大変だが今後もこのような体制を維持し、新年度になった時点で正式に養護学級に入級できるようにしていくことが大切なこと、何よりやはりこの子どもの場合、家庭の環境要因で現在のような状況になっていることは否定しようがないので、具体的な家庭支援策を児童相談所と連携したうえで取り組んでいくべきだ」とおっしゃいました。

9　支援の限界を埋めるもの

その後もこのケースについては、各関係機関の連携と情報交換が同様に続けられ、必要に応じて主治医も入ってのカンファレンスが続けられました。また、祐二が三年生になった四月には、正式に養護学級に入級しました。中学校は、教育委員会のバックアップも受け、教員に空き時間のない特別時間割体制もなんとか解消されました。しかし、きめ細かな個別支援の状況が変わったわけではありません。

その後も、夏休み中の家庭支援や個別学習、体育大会、文化祭、進路選択等々、祐二を支えなければいけない行事や出来事がたくさんありました。しかし、その都度、学校や関係機関がそれまでと同様に、課題と成果を検証しながらカンファレンスを積み上げ、より適切な支援を模索し続けました。何より中学校では、学級担任を中心に組織的な支援が一喜一憂の中で続けられました。

10　自立に向けての支援（今後の課題）

このような祐二への支援は、終わりのないように感じられるかもしれません。しかし、中学校を軸にし、熱い思いをもった各関係機関、各担当者の緻密な連携と支援によって、彼は着実に成長し、無事に卒業していきました。そして、彼なりの進路選択も果たしました。今後は、彼自身が必要なときに必要な支援を求められるよう、自立していけることが最大の目標です。

さて、このケースは各関係機関が緊密に連携したカンファレンスによって、まさに不可能が可能になったケースだと感じています。このケースを通じて、この中学校は、荒れの克服の過程で培った柔軟な生徒指導（一人ひとりの教職員が本音を出し合いチームでする生徒指導）をさらにバージョンアップさせ、子どもの課題の背景にある家庭や家族をふまえた支援という視点も学びました。

祐二の学級担任が「本当の意味で、家庭に踏み込んでいけるのは学校だけかもしれない」とおっしゃったことが印象に残っています。

最後に、私自身、最近痛感していることがあります。家庭の背景や家族の状況を把握して、子どもや家族を支援しようとする学校ほど抱えがちになってしまう課題についてです。家庭や家族の背景が見えれば見えるほど、支援しなければと思い、その支援は困難に思え、「どこまで支援をし続けなければいけないのか」と強迫感にかられてしまいます。

しかし、本当の支援とは、本人が自立できるような支援をすることであって、支え続けることではないはずです。困った時、必要な時に、本人自身が必要なことだけ助けを求められるようにすることが真の自立支援だということを感じています。そのためには、関係者自身が真に自立し、連携・協働していくことが大切ではないでしょうか。

スクールソーシャルワーカーに期待するもの

学校現場では、不登校、非行、虐待、発達障害、いじめの問題など校内だけでは解決できない問題が増加しています。

また、一方ではストレス社会の中で、子育て不安や、精神疾患、格差社会の中での貧困問題など、複雑、複数の問題を同時に抱えたケースも増加し、学校現場は混乱と戸惑いを抱えているのが現状です。これらの問題解決に対し、児童生徒、学校集団の中だけでの努力には自ずと限界があります。

問題解決に当たっては、児童生徒の可能性を引き出し自らの力で解決できる条件（環境）作りが必要であり、学校、家庭、地域への働きかけと同時に公的機関との連携は欠かすことができません。

スクールソーシャルワーカーが、児童生徒、保護者、学校に対し援助者として介入し調整することで、関係者のストレスが大きく軽減されています。従来の個別支援と同時に、調整機能、運営管理機能、教師に対するコンサルテーションなど、スクールカウンセラーとの役割や機能の相違点を明確にすることで、スクールソーシャルワークの活動が社会的に認知され、さらには学校現場に定着することを期待しています。

すでに活動されているスクールソーシャルワーカーの皆さんの活躍ぶりは、児童生徒、保護者、学校現場、子ども家庭センターをはじめ、多くの人に頼りにされています。

増加する一方の児童虐待に関しては、守秘義務との関係において、「要保護児童対策地域協議会」の構成メンバーにスクールソーシャルワーカーが入ることができれば、より有効な活動ができるのではないかと考えます。

大阪府富田林子ども家庭センター　虐待対応課　総括主査　**北川　拓**

第Ⅳ部　福祉機関を知る

スクールソーシャルワーカーは、学校を中心に福祉の視点で活動するワーカーです。福祉の視点で活動するワーカーは、通常、福祉機関に存在します。福祉機関の活動を知っていることは、利用できる学校にとっては大きなプラスです。

では、その福祉機関にワーカーがいるので、教育分野にはワーカーは必要ないのでしょうか。福祉機関の学校に対する限界も含めて考えてみます。

第1章　福祉事務所と学校のかかわり

様々な理由で子どもの世話ができない、経済的に苦しい、ひとり親である、障害を持っている、高齢である……人々が生活していく上で困難が生じたとき相談にのってくれる市役所、それが市の福祉機能を持った福祉課、子ども家庭課や福祉事務所です。福祉事務所は、様々な福祉サービスを提供することで環境の調整を図り、相談者が問題を解決できるよう支援します。子どもと家族の抱える問題を解決するためには、様々な福祉サービスをよく知り、適切に利用していくことが有効です。学校外部の福祉相談機関には、福祉事務所があります。あるいは、市町村で子ども家庭相談部門をどこも作り始めています。そこではどのような働きをしているのか紹介をしてみます。

1　経済的安定は家族の出発点

順一の場合

小学校一年生の順一は、お母さんと三歳の妹と暮らしています。入学以来、遅刻や欠席が多く、担任の先生は心配していました。ある日先生は、順一が夕方ひとりでスーパーに買い物に行くのを見かけました。順一に聞くと、お母さんは昼も夜もパートで働いているようです。夕方、保育所から妹を連れて帰り大急ぎで食事の支度をすると、また仕事に行ってしまうのです。小さな妹にご飯を食べさせて寝かしつけるのが、順一の役目でした。事情を知った校長先生は、お母さんに市の子ども家庭相談を紹介し、困っていることがあれば相談するように勧めました。

お母さんは相談員に、

「別れた夫がパチンコに夢中になって借金をしてしまいました。離婚はしましたが、私名義の借金を返すために昼も夜も必死になって働いています。」

と話してくれました。相談員は、

「お母さん、よく頑張ってこられましたね。順一君も頑張っていますね。ただ、順一君もだいぶつらくなっているのでは。お母さんがそばにいてあげることも大切です。夜は仕事をやめて、収入が足りない分は、生活保護の相談をしてみませんか。」

と話しました。

「ひとりでは自信がありません。」

とお母さんが言ったので、相談員は生活保護担当者に事情を説明し、お母さんに付き添いました。

やがて生活保護を受けられることが決まると、生活保護担当者は、まず第一に子どもをしっかり育てることを考えて、それから将来自立できるような仕事を探すようにと、お母さんに話しました。お母さんが夜家にいるようになり、順一は元気に学校へ通うようになりました。

生活の困窮が保護者のストレスとなり、子どもにしわ寄せがいくことはよくあります。公的な援助で受けられるものがあれば保護者に紹介します（いずれも所得制限があります）。

小学校六年生までの子どもを養育している人には児童手当、障害のある子どもを養育している人には特別児童扶養手当、母子家庭のお母さんには児童扶養手当が支給されます。

就学援助制度は、学校教育法に基づき、経済的に困難と認められる保護者に対して、学校給食費、学用品費、修学旅行費、校外活動費などが支給されます。

父子家庭、母子家庭の場合、ひとり親家庭医療費助成制度が利用できます。

保護者または子どもに障害がある場合、療育手帳（知的障害児・者）、身体障害者手帳、精神保健福祉手帳などを所持しているかどうか確認します。手帳を持っていれば、障害の程度に応じて年金の受給、税の軽減、各種料金の割引等が受けられます。持っていなければ、手帳のメリットを伝え、手続きをするよう勧めます。

生活保護は、能力に応じ働き、資産を活用し、親子、兄弟姉妹の援助を受け、生活保護法以外の法律や制度で給付を受けられるものは受けた上で、なおかつ最低生活が営めない場合に、受けることができます。

2　ヘルパーさんは頼もしい助っ人

麻衣の場合

小学校を休みがちで忘れ物の多い二年生の麻衣。担任の先生が家まで迎えに行くと、家の中は衣類、食べ物、ごみなどがあふれて足の踏み場もない状態でした。ランドセルはあるものの、教科書や筆箱、体操服などはどこにあるのか探し出すのが大変です。落ち着いて学習するための環境を整えてほしいと思い、先生はお母さんに、

「学校に行きやすいように準備を手伝ってあげてください。」

とお願いしました。お母さんは、

「はい。わかりました。」

と調子よく返事するのですが、全く改善しません。市の子ども家庭相談の相談員がお母さんによく話を聞いたところ、お母さんは知的障害があり、療育手帳を持っていることが分かりました。相談員はお母さんにヘルパー利用を勧めました。ヘルパーは定期的に家に通い、片付けや掃除をしながら、お母さんと麻衣に整理の方法を分かりやすく伝えました。家の中がすっきりし、どこに何があるかすぐ分かるようになったことで、麻衣はスムーズに登校できるようになりました。

家事や育児を実際に担ってくれるヘルパー制度は、様々な理由で家事のできない保護者にはメリットの大きいものです。ヘルパーがどんなふうに掃除や料理をするのか、実際に家事のモデルを見

ることで、保護者が具体的なやり方を学ぶ機会にもなります。孤立しがちな家庭ならば、ヘルパーが入ることで家庭の状況の確認（モニタリング）もできます。公的な制度としては、ひとり親家庭のための日常生活支援事業、保護者または子どもに障害がある場合に利用できる居宅介護サービスがあります。

3　子育ては、いろいろな人の力を借りて

慎司の場合

小学校三年生の慎司は、二学期になって転校してきました。欠席が続き、心配になった担任の先生が夕方家庭訪問してみると、慎司は家の前で二歳の弟と遊んでいました。お母さんは、慎司に弟の世話を頼んで仕事に行ったということでした。担任に勧められて市の子ども家庭相談にやってきたお母さんは、

「私が働かないと生活できないけれど、保育所はお金がかかりそうだから行かせられません。」

と言いました。相談員は、

「保育料は収入に応じて決められるので、お母さんが思っているほどかからないかもしれませんよ。保育所担当に聞いてみましょう。」

と、保育所の利用を勧めました。

やがて弟は保育所に通い始め、慎司は毎日登校するようになりました。

保育所は、主に両親が働いていたり、病気や障害があって日中子どもの世話をする人がいないなど、いわゆる「保育に欠ける」子どものための施設です。最近の保育所は、入所している子どもだけでなく地域の在宅の子どもとその保護者に対しても、子育て相談や園庭開放などの育児支援を行っています。学校に通ってきている子どもに就学前の弟や妹がいる場合、保育所の利用で保護者の育児負担を軽くし、適切な子育ての方法を学んでもらうことで、上のきょうだいにもよい効果をもたらすことが期待できます。

ショートステイ（子育て短期支援事業）は、保護者が入院するなど、一時的に子どもの世話ができなくなったときに、児童養護施設が短期間子どもを預かってくれる制度です。障害のある子どもを対象とするショートステイ（児童短期支援事業）は、保護者の介護負担軽減を目的としても利用できます。虐待ケースなど専門機関の介入が必要な場合は、保護者の入院等の事態が生じたときに、ショートステイでなく児童相談所の一時保護の利用を勧めることで、専門的な相談、指導につなぐきっかけとなることもあります。

ファミリーサポートセンターは、育児の援助をする援助会員と、援助を受けたい利用会員から構成されます。利用会員として登録すれば、小学六年生までの子どもを預かってもらったり、通園・通学の送迎をしてもらったりできます。

子育てアドバイザー、子ども家庭サポーター、虐待防止アドバイザーなどの名称で、子育てに不安のある家庭を訪問して保護者の悩みを聞いたり、子育ての知識や技術を伝えたりしてくれる制度があります。子育てに悩む保護者を支える、大きな力のひとつになります。

4　心と体の健康回復

歩美の場合

小学校二年生の歩美は、お母さんと二人で暮らしていますが、全く登校してきません。担任の先生は毎朝迎えに行きますが、歩美はお母さんと二人でぐっすり眠っています。歩美は昼過ぎには起きて、コンビニに弁当を買いに外出しているようです。先生が呼びかけると、お母さんは布団の中からときどき答えてくれますが、都合が悪くなると寝たふりをしています。校長先生から相談を受けた市の子ども家庭相談の相談員が何回か訪問するうちに、お母さんは、

「誰かが私の中に入ってくる。」

「誰かの声が命令する。」

などと言い出しました。相談員は、精神疾患の可能性があると考え、お母さんに保健センターの精神保健福祉相談員を紹介しました。精神保健福祉相談員はセンターの嘱託の精神科医と一緒に訪問し、医師の勧めでお母さんは入院治療することになりました。歩美は児童養護施設に入所し、きち

んと登校するようになりました。

保護者の精神疾患が疑われるときは、保健センターの精神保健福祉相談員を紹介し、医療につなげます。身体疾患についても、保健センターに相談することにより、適切な医療機関につなぐことができます。

5 安心して暮らしたい

理沙の場合

小学校二年生の理沙は、お母さんと二人で暮らしています。遅刻が多く、持ち物が揃わなかったり、何日も同じ服を着ていたりすることがありました。ある日、理沙は担任の先生に、

「昨日はお母さんが遅くまで帰ってこなかったから、ごはんを食べないで寝た。」

と話しました。担任の先生がお母さんに事情を聞くと、お母さんは、

「家賃を払えなくて、大家さんから出て行ってくれといわれたんです。あちこち走り回ったけれど、行くところがないんです。」

と言いました。市の子ども家庭相談の相談員は、母子生活支援施設への入所を提案しました。

入所後は、指導員の支援で生活リズムが安定し、理沙はきちんと登校、お母さんも休まず仕事に行くようになりました。

母子生活支援施設は、母子家庭に住居を提供するだけでなく、お母さんと子どもの生活を安定させ、子どもが健やかに成長できるよう生活全般にわたって支援をする施設です。養育力に不安のある場合は、母子生活支援施設で見守ることで、よい方向に向かうことがあります。

こういった福祉制度やサービスは、保護者・学校ともにあまり認知されておらず、利用しにくい現状があります。これらの制度やサービスをよく知っているＳＳＷｒが学校に存在する意味は大きいと考えられます。

第2章　児童相談所と学校のかかわり

児童相談所には〇歳から一八歳までの子どもたちの様々な問題（子どもを家庭で養育できない、障害、不登校・非行等の性格行動上の問題、虐待等）がもたらされます。私の経験した学校と児童相談所の関わりの状況を紹介します。

1　養護問題をめぐって——ある日突然に……

親の病気入院、母親の家出、借金の取立てに追われての突然の立ち退き等、子どもを家庭で養育できない問題が親や関係者から児童相談所に持ち込まれます。この大部分が突然の相談です。担当の児童福祉司（ソーシャルワーカー）は親をはじめとした当事者に面接して、親の意向や家庭の状況を聴き取ります。まずは子どもを家庭から離さずにすむ対応を親と共に考えます。しかし、親戚等の援助も得られない時は、総合的に判断（社会診断）し、引取りが可能になるまでの間、児童福祉施設に入所させる手続きをとります。発達面・情緒面等の子どもの様子をより詳しく把握する必要がある場合は、二・三週間の間、一時保護所に保護をし、心理判定を実施したり、子どもの行動を観察します。学童の場合、施設の子どもに対する理解と対応に役立ててもらうため、親の了解を得た上で、子どもの様子を在籍する学校に尋ねています。そうして把握した情報を施設選択やその後の対応に生かします。

問題点

① 切羽詰まった時間的制約の下で相談内容に対応できる選択肢が限られ、結局は施設入所しかない場合が多くあります。

② 子どもへの対応が後回しにならざるを得ません。親は厳しい問題に直面しているために、子どもの気持ちを思いやるゆとりもありません。当然のこととして、子どもは大きな不安を抱えることになります。

③ 多くの施設が満員なため、施設の選択もままなりません。多くの場合ワーカーは実務上の調整に追われ、子どもの気持ちの揺れに沿ってじっくり対応することもできない状況にあります。

④ 学校は子どもの状況を詳細までは摑めない場合もあります。また、先生との面会などを通じて、施設入所中も子どもと学校が関係を継続できるケースは多くありません。そのため、家庭の問題状況がある程度改善されて子どもが地域に戻る場合も、学校側としては突然の事態に直面することになり、受け入れ態勢を十分整えることもできません。

2　子どもの問題行動（非行・不登校・家庭内乱暴等）への対応――難しいアセスメント

子どもの問題行動について、児童相談所への相談の入り方は以下のような場合があります。

①　親が先生に勧められて相談所に連絡を取る場合
親が子どもの問題について先生と相談する過程で、児童相談所に相談（施設入所の意向が親に強い時にはその事も視野に入れて）に行くように勧められ、連絡を取って来ます。

②　警察から報告を受けて相談所が親に連絡を取る場合
補導した子どもの非行事案に関する通告書が警察から児童相談所に送られ、それに基づき児童相談所から親に面接の連絡をとります。

③　学校側から学校の対応について相談を受ける場合
学校が非行等の問題行動に関する話し合いを親との間に持とうとしても、関係をうまく取れない場合があります。この時、「問題意識を持ってくれない親や子どもにどのように関わればよいのだろう」といった学校側が取るべき対応についての相談が先生から児童相談所にもたらされます。

上記のいずれの場合でも、まず最初に児童相談所は親との関係作りを念頭に置いて面接します。親自身が困っている状況（問題の経過、親の対応、親の気持ち・考え、生活歴等）について共感的に聞き、面接を重ねます。最終的には親が子どもや自分の問題と向き合えるようになることを目指します。しかし、共に考えるという積極的な姿勢を見せてくれる親はそれほど多くはいません。面接が突然キャンセルされたり、家庭訪問に行っても会えないこともあります。このように、児童相談所のワーカーが親との相談関係を築けない場合も少なくありません。そのような場合は、生活指導の先生や補導センターと連絡を取ったり、グループ非行の場合には生徒指導連絡会を通じてお互いに連絡を取ったりして、状況把握に努めます。しかし、問題改善に向けた有効な手立てが見出せないことも数多くあります。

問題点

① 問題が深刻化してから初めて児童相談所が関わるケースが多くあります。特に最近は、発達障害や生育歴・家族関係等の環境的要素（虐待問題とも関連します）と複雑に絡み合う場合も少なくありません。そのため、援助を考えるにあたり、アセスメントの重要性が増しています。しかし、相談所として全体状況をアセスメントするのですが、問題がこじれていて、関係機関の間で援助目標を共有するのにも困難が伴います。

② いろいろな人に相談するなど、親は親なりの努力をしています。しかし、状況の改善が見られずに疲れ果て、児童相談所に来た時には、対応する気力も失いかけているケースもあります。

③ 親がわが子をかばったり（「うちの子は気が弱くて、強い子に引きずられ、断れないために非行に巻き込まれただけ」等）、学校など関係機関への反発と非難を繰り返したりすることがあります。

このように子どもの問題に真正面から向き合えないという場合も少なくありません。

④　学校を中心とする地域の関係機関が、施設入所しかないという結論を既に持った上で相談を持ち込む場合があります。これは関係機関がかなりの努力をしたにもかかわらず、問題に改善が見られず、既に疲れ果てているという状況です。親も同様の判断をしており、あきらめの気持ちで相談に来ます。そこで初めて親子に向き合う児童相談所としては時間的なロスを抱えることになり、関係機関との間に判断のずれが生じ、状況を共有できない場合があります。

3　児童虐待をめぐる学校と児童相談所——親とのかかわりをめぐって

最近では虐待の実態の深刻さから、虐待問題がクローズアップされるようになりました。特に児童虐待防止法（平成一二年施行）が施行された前後から、児童相談所は法的権限を持って虐待問題に対応する中核機関として大きな役割を担う事になりました。その後も、国レベルでは虐待防止法の改正等、様々な改善施策がとられています。しかし、児童相談所の現場では、様々な緊張感と困難を伴った対応に日々追われる状況は変わりません。そのような状況の下、数多くのケースへの対応を積み重ね、関係機関と連携を深める中で、ネットワークが必要不可欠と考えられるようになりました。関係者の間では、必要な共通認識も少しずつ広まっています。虐待問題の関係領域は広く根深いため、根源的な人間理解まで求められます。重篤な虐待問題では親子関係の修復はとても困難で、長い年月を要します。そのため、幅広い予防的な取り組みの重要さも関係者の間で認識されてきています。

学校は、児童虐待防止法の中で虐待の発見・通告の機関として位置づけられ、大きな役割が期待されています。学校と児童相談所の協力はまだまだ手探りの段階ですが、その対応の入口部分の流れを紹介します。

発見・気づき

直接の虐待が疑われるような怪我をして登校してくる子ども以外にも、不登校の子ども、キレる子ども、非行（家出、万引き、シンナー吸引、異性交遊等）を重ねる子ども、情緒面・心身面の不調を表す子どもたちの背後に虐待問題が潜んでいる場合があります。全般的に、虐待を受けている子どもは自尊感情や大人への信頼感を持ちにくく、自分からは虐待を受けていることをなかなか言えません。聞かれても正直に言えずに隠したりします。親に言われるままに自分が悪い子だから仕方がないと考えてしまい、虐待行為に苦しみながらもそれを受け入れてしまう子どもさえいます。このように、子どもが保護を求めて先生に訴えてくるケースは少なく、小学校の高学年から中学生ぐらいになってから少し見られる程度です。

発見後の対応

虐待発見後は、その子どもに関わる先生が集まって情報を整理し、学校として状況の緊急度、危険度を検討します。急を要すると判断されると、ネットワーク事務局や児童相談所に直接通告します。現在は多くの市町村で法的に定められた要保護児童対策地域協議会の中にネットワークが作られ、通告はその手順に沿ってなされます。教育委員会を含めた学校組織として検討・対応の手順が決められているところも増えているようです。また、学校にＳＳＷｒが入っている場合は、ＳＳＷｒが学校内での情報集約・状況判断や、外部関係機関とのスムーズな連絡・協議の要となることが期待されています。

連絡を受けた児童相談所は状況に応じて必要な情報をさらに集めます。また、ネットワーク事務局、学校とも連絡を取り、リスクアセスメントを行います。そして、緊急度に応じて、学校と連携した対応を決めていきます。緊急度が高い場合には、児童相談所が即時に家庭に介入することもあります。緊急度が低い場合は、ネットワークの中でカンファレンスを開き、ケースのアセスメント・支援のプランニング・役割分担等を検討するのが一般的な流れです。

児童相談所の立ち入り、介入

児童相談所は、虐待に対して法律に基づいて家庭に介入し、必要な場合は子どもを保護できる権限をゆだねられた唯一の公的機関です。この介入という機能を果たすためには、多くのケースでは最初から親と激しく対立せざるをえません。しかし、児童相談所は親との信頼関係の上に相談関係を作り、ソーシャルワークを進めていくことを基本としてきた公的機関でもあります。このように、介入という機能は、虐待以外の問題における児童相談所の基本的な対応姿勢と相容れにくい機能です。そのため、この機能を有効に果たしていく事は、児童相談所にとって大きな困難を伴います。ワーカーは親の激しい怒りや攻撃を受け、時には身の危険も感じながら子どもを守らなければなりません。さらには、子どもを保護したとしても、今度はその親子関係・家庭の修復に向けて役割を果たしていかなければなりません。介入、分離、保護、そして修復という矛盾した全ての機能を同一の機関が担っているのです。この矛盾に児童相談所は今も苦悩し続けています。

保護も視野に入れ、子どもの状況を確認するために、児童相談所が緊急に家庭や病院を訪問し、親と対峙することも増えています。このような場面では親からの暴力的な攻撃が予想される場合もあり、その場合には、虐待防止法に沿って警察の協力も得ています。虐待に対する親自身の認識は様々です。殴った・蹴った等の行為そのものを認めず、「やっていない」と主張する親もいれば、行為は認めても、「躾のため」として虐待と認めない親もいます。このような場合、親に児童相談所の役割を説明する時には、「通報があった場合、児童相談所は虐待防止法に基づいて子どもや親の状況を確かめなければならない事になっている」ということを強調し、冷静に伝えるように努力しています。親は多くの場合は怒りでいっぱいになっていますが、それでも、このように冷静に説明をすると、完全に納得はできなくとも、あいまいな言い方をするよりはまだしも一定の理解が得られるようです。

親の言い分を丁寧に聴いたとしても、児童相談所と親の意見が平行線のままで対立するケースが多くあります。そのような状況でも、虐待の危険性が高い場合は、親から子どもを分離保護する必要があります。このような時は、親に対して「親の主張と児童相談所の主張が食い違う場合は、家庭裁判所にそれぞれの言い分を申し立てて判断してもらう仕組みとなっている」と伝えます。そして、弁護士の協力を得ながら手続きを進めています。

虐待ネットワークの中で関係機関の間でケースのアセスメントを共有し、危険度（分離保護の必要性）を見極めるように努力しています。その見極めの上で、必要な場合には「児童相談所が児童福祉法に基づいた権限を使う」という共通認識のもとに動いている状況です。

学校は通告義務を持ちつつも、親との信頼関係を維持しなければならないという難しい立場にあります。このような立場にある学校の対応の助けとするためにも、介入時の児童相談所と親とのやり取りは具体的な言葉の内容も含めて学校側に伝えています。

問題点

学校による入り口部分での虐待問題への対応については以下のような問題点が上げられます。

①　現在の社会状況では、先生は教育という本来の業務に忙殺されています。そのため、子どもの荒れた言動・無気力な状況・ネグレクト的な心身の状態等を見ても、「ひょっとして背景に虐待があるかも」と疑う意識がまだまだ不足しています。既に述べたように、虐待を受ける子ど

もは自らＳＯＳを出しにくく、むしろ隠すことが多い事実を先生が十分に理解しなければ発見は困難です。

②　虐待に関して、「学校だけで抱え込まない」「他機関との連携が重要」ということが強調されるようになりました。しかし、学校は親との信頼関係を基本に成り立っている機関です。その信頼関係が壊れる事を懸念して、虐待が疑われても、もう少し様子を見ようと学校だけで抱え込んでしまうケースがいまだに多くあります。

③　最近は様々なレベルの抗議・苦情が学校に持ち込まれています。学校側では親との対立を避ける意識が働きがちです。そのため、通告機関として位置づけられているにもかかわらず、学校が適切に通告することが難しい場合もあるようです。また、虐待の存在を感知した先生と、保護者とのトラブルを避けたい管理職の先生との間で意識がずれるという学校内部の問題も見られるようです。

④　プライバシーの保護を念頭に置きつつ、どこまでの職員が情報を共有するか等、学校内で共通認識やきめ細かな役割分担が重要です。そのために学校全体での組織対応が必要となります。このことについての意識も先生全員には行き渡っていないようです。

児童相談所は普段から学校との連携を深め、学校側の様々な不安や戸惑いを理解する必要があります。児童相談所の対応、介入のタイミング、具体的な言葉がけ等を含めた予想される親とのやりとり、通告に怒った親が学校に乗り込んできた時の対応方法。以上のようなことを児童相談所と学校とがきめ細かに具体的に話し合うことが必要です。にもかかわらず、学校も児童相談所もその話し合いの時間を持つことがむつかしい現状も多く見られます。

コーディネーターとしての役割に期待

不登校や問題行動のある子どもたちの背景には家庭が課題を抱えていることが少なくない。私が主任児童委員を務める校区では、小学校教職員と民生児童委員との学期に一回の交流会を通じ、課題を抱える家庭への個別支援を始めて二年になる。この間、学校という教育の場とはいえ、問題の全体を把握し解決へ向かうためには、福祉領域との連携なしには不可能であることを痛感している。しかし、これまでは教育と福祉が密に連携していたわけではなく、加えて私自身が新任の主任児童委員としてどう動いていいのかわからず、全く手探り状態であった。一つ一つのケースに対応しながら、公的福祉サービスや施設利用、また児童相談所との連携や地域資源の活用などを徐々に知っていったが、なかなか問題の解決には至らず挫折感や焦燥感を味わすこともしばしばである。これまではスクールソーシャルワーカーと関わったことはないが、スクールソーシャルワーカーが社会資源をコーディネートし活用することで、それぞれの立場での役割が明確となり、よりよい援助が有効に行なわれるだろうと、スクールソーシャルワーカーの導入に期待は膨らんでいる。

貝塚市主任児童委員　**梅原直子**

第V部　海外のスクールソーシャルワーク

アメリカ、カナダでは、すでに一〇〇年も前からスクールソーシャルワーク活動がなされています。その具体的活動紹介や理念などから、私たちは学べることも多いのです。

第1章　アメリカのスクールソーシャルワーク

1　アメリカスクールソーシャルワークの歴史：専門家集団としての発展

アメリカのSSWは二〇〇六年、一〇〇周年を迎えました。日本では日露戦争が終わって間もない頃、アメリカでは現在のSSWの原型となる〝訪問教師〟のサービスが、ボストン・ニューヨーク・ハートフォードの三都市で始まりました。その後、一九一九―二〇年にはシカゴの公立学校が三人のSSWrを採用しました。シカゴのあるイリノイ州は、当時から現在にいたるまで全米でSSWをリードする州として高く評価されてきています。ここでは、今私が住んでいるイリノイ州を例にとって専門家集団としてのアメリカSSWの発展を垣間見てみましょう。

アメリカの多くの州では、SSWrになるために一定の学位を持っていることと資格試験に合格することを義務付けています。イリノイ初のSSWr資格試験はシカゴ公立学校（区）で一九二六年に行われました。一九七二年以降イリノイ州では、すべてのＳＳＷｒ資格試験受験者は、修士課程でＳＳＷを専攻して、ソーシャルワークの修士号を持っており、公立学校での一年間の実習を経験していることを条件としています。

イリノイ州教育委員会は、一九五〇年に最初のＳＳＷマニュアル・ガイドラインを作成しました。その中で、生徒二〇〇〇人、学校八校に一人のＳＳＷｒを配置、実際には一人のＳＳＷｒが三五〜八〇人の生徒を担当するのが望ましいと記していました。アメリカＳＳＷ協会は二〇〇五年、生徒四〇〇人に一人のＳＳＷｒを配置すること、という基準を定めた文書を出版しました。二〇〇四―二〇〇五年度、イリノイ公立学校では、三一〇四人のＳＳＷｒを採用していました。それは、イリノイの公立学校に通っている七〇四人の生徒あたり一人のＳＳＷｒという割合となります。

イリノイは、過去四〇年連続して、全米で一番ＳＳＷｒ数／生徒数の高い州のひとつです。現在イリノイ州では、ＳＣよりも七八％多くＳＳＷｒを採用しています。一九八一年にＳＳＷｒがカウンセラーの数を超え、それ以来その差が増え続けています。

アメリカにはＳＳＷ関係の協会（Associations）、協議会（Councils）がたくさんあります。アメリカで一番大きなソーシャルワーカーの団体は、全米ソーシャルワーカー協会（ＮＡＳＷ）というものですが、そこにＳＳＷ部門が出来たのが一九五五年。イリノイ州を含むアメリカ中西部ＳＳＷ協議会（Midwest School Social Work Council）が出来たのが一九六八年です。そしてその二年後にはイリノイSSW協会（Illinois Association of School Social Workers）が出来ました。現在アメリカには二つのメジャーなSSWに関する学術雑誌がありますが、その一つはIASSWが発行している School Social Work Journal で、年に三回発行されています（もう一つはNASW発行の Children and Schools）。

一九九四年、NASWから独立したかたちでアメリカSSW協会（the School Social Work Association of America）ができました。現在全米二五の州がこの協会に〝パートナー〟として参加しています。会員数は約三二〇〇。SSW一〇〇周年の二〇〇六年には、ボストンに全米、海外からSSWrや大学関係者約六〇〇人が集まり、三日間にわたり合計六五のセッション（研究発表やワークショップなど）を行いました。

2　クリーブランドハイツのスクールソーシャルワーカー

私は二〇〇一年から二〇〇三年までオハイオ州クリーブランドにいました。そこに行ってまだ間もない二〇〇一年秋、クリーブランド市に隣接する町クリーブランドハイツのSSWrであるYさんにインタビューをしました。

Yさんが働いている地域では、常勤のSSWrの複数いる学校、非常勤のみの学校などまちまちで、Ｙさんは非常勤で週に2日半、公立中学校に勤務していました。Ｙさんは修士号を持ち、教育委員会からＳＳＷｒの資格を得ています。ＳＳＷｒの仕事のひとつは、生徒と学校との間に立って、生徒のニーズと学校の資源がうまくかみ合うように働きかけることです。したがって、彼女はいろいろな仕事をしていました。生徒との個人面接やグループワーク、危機介入、親へのペアレンティング（親行）グループ、教員とのコンサルテーション、ＳＳＷｒに対する教育的プログラムなど。クライエントの利便性を考えてサービスを適用します。例えば働いている親たちも参加しやすいように、ペアレントグループは夜に行います。地域にあるサービスを親たちに教えてあげることも彼女の仕事でした。

チームの中でＳＳＷｒはアドボケーター（代弁者）としての役割も担います。薬物使用、飲酒等の問題があったとき、生徒はドラッグ＆アルコールコーディネーターのところに連れていかれ事実を確かめるための検査を受けさせられます。その際、ＳＳＷｒのＹさんは、手続きが正当に行われるかどうかを見守り、生徒の権利を守るためにアドボケーターとしての働きをしていました。

親もチームの重要な一員です。Ｙさんは、親が会議に出席するときに同席して親をサポートすることもよくありました。また、親たちとのグループを持って、思春期の子どもとの会話の仕方や、難しい時期をどうやりぬくかについて話し合ったりもしていました。

子ども達を取り巻く様々な問題について教師が知識を高められるように、Ｙさんは教育者としての役割も果たしました。例えば、児童虐待が疑われるときにためらわずに通報するよう教師をうながしました。

Ｙさんは信頼関係を築くことがＳＳＷにはとても重要だと話していました。彼女の働いている学区では二〇年間ＳＳＷｒを採用していませんでした。その必要性を感じていなかったのかもしれません。しかし、（インタビューをした）三年前に再び採用して以来、ＳＳＷｒはその学区に不可欠な存在になったようです。働き始めた最初の年、彼女は教師をはじめとする学校内のスタッフと関係を築くことからはじめました。「既に存在するシステムの中に新しい者が入っていくときには、一歩引き気味に、ゆっくりとする必要がある。」「自分のやり方を押し通すのではなく、相手から学ぶ姿勢で、かつ、自分のできることを説明し力にならせてほしいと伝えることだ」と話してくれました。

Ｙさんは、ＳＳＷｒに対するトレーニングプログラムやスーパービジョンの機会をもっと増やさなければいけないと言っていました。またＹさんは、個人だけに注目するのではなく、学校という複雑な組織の社会環境を統合的に理解し、個人と個人を取り巻く社会環境からなるシステム全体に働きかける、つまり関係性の調整をすることの重要性も話していました。さらに、ＳＳＷｒは柔軟で、創造的でなければいけないとも話していました。

3 クリーブランド市での取り組み

私は二〇〇二年〜二〇〇三年、クリーブランド市でSSWの実習をしました。クリーブランド市は、かつて大工業都市としてとても栄えた街ですが、近年は経済状態が悪く、市の中心街は空き店舗が目立ち、失業率が高騰しています。街の中心街に残っているのは貧困層のマイノリティ（黒人やヒスパニック）が大半を占めます。私がクリーブランドにいた二〇〇一年から二〇〇三年の間、仕事のない中年男性や、中途退学して職にもついていない若者、子どもを連れたティーンマザーたちを昼間街でよく見かけました。残念ながらオハイオ州、中でもクリーブランド市の高校卒業率は非常に悪く、二〇〇二年当時はわずかに二八％という状態でした（アメリカ全体の平均は七四％）。危機的な高校卒業率、増え続ける低所得の十代の未婚の母親、仕事を持たない若者たちを前に、「子どもたちを学校に戻そう」という取り組みに期待をかけずにはおれません。

こちらでは一般に公立学校に向かない生徒のホームスクーリング、個人教育、代替教育機関への通学等が正式に認められています。したがって、ホームスクーリングでもない、個人教育でもない、心身の健康上の理由等でもない長期無断欠席は通常六歳から一二歳までの生徒については親の教育義務放棄、一三歳以上に関しては本人の怠学（truancy）と認識されています。

クリーブランド市およびクリーブランド市のあるカヤホガ郡（County）は、親の教育義務放棄や退学をどうにか食い止めようといろいろな取り組みをしていました。私はそのうち二つの取り組みを追跡しました。一つはクリーブランド学区（主にＳＳＷｒ）とカヤホガ郡の児童福祉行政（ケースワーカー）との連携プロジェクト。もう一つは、カヤホガ郡内での統一した〝教育義務放棄・怠学に関する政策〟を作成するためのプロジェクトです。

一つ目のクリーブランド学区と郡児童福祉行政との連携プロジェクトの主な目的は、学校からの児童虐待に関する通報をスムーズにし、郡（日本で言えば児童相談所）のケースとなっている生徒に関する支援体制を強化することです。ＳＳＷｒ、郡のケースワーカーが学校の先生を対象に児童虐待通報に関する講習をすることなども、このプログラムの主要な活動の一つでした。

新たな〝教育義務放棄・怠学に関する政策〟の作成は、複数の学区にわたる教育・福祉・司法等の行政が合同で行っていました。これまで統一された規定がなかったために、学校から長期欠席児童に関して児童福祉に連絡をしても、児童福祉行政側の規定にあっていないのでケースとして取り上げてもらえないなど、機関連携に問題がありました。各々の役割を明確にして、そういった問題を解決することが最大の焦点です。このプロジェクトには、中立的な立場にある家庭子ども優先協議会（Family and Child Fist Council）という機関が、プロジェクトの運営援助に携わっていました。

4　クリーブランド市のソーシャルワーカーたち

経済状態の悪いクリーブランドですから、イリノイ州での例のように、ほぼ全校にＳＳＷｒを配置するというわけにはいきません。それでも、二〇〇一年当時三四人のＳＳＷｒがクリーブランド市教育委員会に採用されていました。採用基準は大学ないし大学院でＳＳＷを専攻したことが条件で、ＳＳＷの資格を持っていることが望ましいというやや緩やかなものでした。特定の学校に常勤している人、非常勤で二校ほどを担当している人、特定の学校には所属せず一定地域内を受け持ち巡回している人など様々でした。大学院でＳＳＷを専攻している学生が年間通じて実習をするので、ＳＳＷｒの多くは学生のスーパーバイザー的役割も担っていました。

そのＳＳＷｒたち、普段はそれぞれの勤務先に分かれて仕事をしていますが、月に一度、全体会議を持っていました。ワーカーたちはそれぞれ、マニュアル作り、ベストプラクティス（より良い援助プログラムを提供するための情報収集をする）、プロフェッショナル・デベロップメント（研修プログラムの企画）その他いくつかの委員会に所属しているので、全体会議では、それぞれの委員会での経過報告を行ったり、事例研究や、講師をよんで来ての研修会なども行っていました。

クリーブランド市の小学校に勤務するソーシャルワーカーたちの仕事をほんの少しずつ紹介しま

しょう。冬のある日、ある小学校では、ソーシャルワーカーMさんが問題行動の目立つ子どもたち四人を集めて、怒りの感情を自己コントロールするためのグループワークをしていました。授業時間中でしたが、子どもたちは授業を抜けてこのグループワークに参加していました。ワークシートを使って、どうやって怒りの感情をコントロールするかを学んでいました。その時間中、問題を起こさずグループに参加できればごほうびに券をもらいます。その券を一〇枚ためると、品物と交換してもらえました。

Mさんは他に、グリーフサポートグループという、親やきょうだいなどを亡くした子どもたちを対象にしたグループワークを毎週一回、八週間にわたって行っていました。六－八人ほどの生徒が参加していました。民間の専門機関の人が子どもたちにふさわしいプログラムを用意してくれて、Mさんと一緒にプログラムを進めました。

別の日、ある九歳の男の子のことについて、母親、校長、担任教師、Mさんの四人で会議を持ちました。担任によると、その生徒は勉強と行動面両方で問題がありました。Mさんは、母親に家庭での心配事や学校への要望などを話すように促しました。生徒の問題点と長所、成育歴や、現在の家庭状況の難しさ、担任教師の懸念、親から学校への要望などが話されました。

別の小学校では、ペアレントミーティングが月一回開かれていました。この地域は貧困家庭が多く、十分な教育を受けていない親もたくさんいます。グループの目的は、親に学校に来てもらい子どもの教育に関心を持ってもらうこと、親同士のつながりを強めること、参加者に仕事やサービスなどの情報提供をしたり、お互い情報交換をすることなどです。誰でも参加していいグループですが、たいてい一〇～一五人の特定の親たちが参加していました。ある日のミーティングでは、地域の職業訓練に関する情報が提供されました。近所の人のためにとパンフレットを持って帰る親もいました。このグループでは、キルトの作成をしており、毎回少しずつ縫い進めていました。縫い物をしたことのない親も少なくありません。みんなとおしゃべりしながら新しいことを学ぶ機会にもなっていました。

最後にプレスクールアセスメント&プログラムクリニックというところでは、学齢前の障害を持った子どもが、特殊教育を受けられるかどうかの診断を行います。ＳＳＷｒは、心理士とともに、アセスメント（診断）をします。心理士は主に心理テストを行い、ソーシャルワーカーは行動や社会性などを観察します。ソーシャルワーカーのＬさんはクリニックにずっといるわけではなく、小学校に付属している学齢前児童のためのプレスクールを循環して子どもの様子を見たり、教師と話し合いをしたりしていました。家庭訪問もします。あるときＬさんは、教師からある生徒のめがねが壊れて何週間もめがねのない状態なのだが、と相談を受けました。低所得家庭の子どもなので、無料で検査を受けめがねを作れる手段を調べ、親に伝えました。

このように、ＳＳＷｒは、実に様々な役割を担っています。ＳＳＷｒ同士がつながり、常に新しい情報を手に入れながら仕事をしなければ、たちまち困難に陥ってしまうでしょう。市、州、全国レベルで専門的知識と技術の研さんを続けながら子どもとその家族に援助を行っています。

第2章　カナダにおける子どもの教育機会の保障とスクールソーシャルワーク

1　学校・家庭・地域のつながりを支えるチームの一人として

カナダにおけるＳＳＷの歴史は、二〇世紀初頭から「義務教育法」制定にかけて、子どもの出席管理に携わる「アテンダンス（出席）カウンセラー」を起源とし、第二次世界大戦後の「精神衛生運動」を経て登場してきました。オンタリオ州は教育委員会にソーシャルワークの担当部門を設置した先進地です。その後、一九七〇年代にはいり「移民の国カナダ」を特徴づける「多文化主義・多民族主義」の国家施策を標榜した時に、学校教育の分野においてその施策を具体化する担い手としてＳＳＷｒが配置されました。

ここで注目すべきことがあります。当時、配置、増員がなされたのは、ＳＳＷｒだけではありません。School Psychologist（学校心理士）や Language/Speech Pathologist（言語聴覚士）、精神科医師、そしてこれらのスタッフをアシストする数多くの人材も採用された点です。おのずと異職種がチームを組んで学校や子どもの様々なケースに対応する職務上の土壌づくりも進められました。「一人で抱え込まない」「他異職種への尊敬とチームづくり」は、今日では教職員の「業務規定」に盛り込まれており専門職文化として位置づいています（そういった努力がつねになされてきました）。

現在、州全体で約四〇〇〇名のＳＳＷｒがおり、その大半は人口が集中するオンタリオ州南部で活動し、その中心地トロント市教育委員会には九〇名ほどのＳＳＷｒがいます。この教育委員会の所管には三万人の児童生徒、六〇〇の小中高の学校があり、担任や養護教諭以外に、コミュニケーション学習を中心とする特別ニーズ専門教員（指導者）が二〇名、学校心理士が一二五名、言語聴覚士が七〇名います（宗教上の独自性としてカトリック教育委員会やユダヤ教育委員会などもありますが同様の構成です）。これは二〇〇五年一〇月にトロントで調査した際の数字ですが、そのほかにもソーシャルサービスに関わる地域や家庭、子どもをそれぞれに支援するワーカーが大勢います。ＳＳＷｒは一人で六〜八校を担当し、およそ児童生徒三五〇〇名に一人という勘定になります。教育システムの中で教職員の一員として働き、教育委員会の「児童生徒支援部門」に籍を置きながら「地域支援部門」や「特別ニーズ（特別教育）部門」などとリンクして仕事をしています。

九〇年代以降、州教育省は、「社会的、経済的、精神的な問題が子どもの学習に影響を与える。ＳＳＷｒは家庭、学校、地域をつなぎ子どもの教育機会の保障、子どもの教育経験を最大限に活かす職務に従事する」ことを明言してきました。州全体を見渡してそれぞれの地方教育委員会の特徴や様々な要因（管轄地域の規模、ソーシャルワーク関連スタッフの数、学校区にある他の専門機関・関係者等の社会資源のあり様、担当校の数、学校の多民族や多文化さ、サービスを必要とする人々のニーズの多様さなど）によって違いはありますが、おおよそ次節のことを基本的な業務としています。

2　専門的実践領域としてのスクールソーシャルワーク

1　援助対象と援助目的

まず、ＳＳＷｒが日頃業務記録に記載している事項を列記してみます。

怒り、不安ごと、欠席問題、いじめ、ストレス、教室での問題、コミュニケーション困難、デートバイオレンス、セルフエスティーム、対人関係やＳＳＴの問題、ＬＤ、ＡＤＨＤ、メンタルヘルス、うつ病、ＤＶ、家庭内問題、子育て支援、死別、別居・離婚・再婚、若年妊産、性的問題、自殺企図、不慮の事故、家庭内暴力、児童虐待、親の養育困難、病気、アルコールや薬物の依存・濫用、ホームレス、劣悪な住環境、経済的困難、暴力・犯罪、劣悪な住環境、異文化への理解不足、貧困、地域サービス資源の不足……など。

これらは、九〇年代半ばから近年にかけて顕著になっているカテゴリーで、総じて子どもの学習を妨げ、学校で達成感や成就感が体験できない背景にあるものという認識がなされています。その際、援助目標の焦点を子ども、学校（教職員）、保護者（養育者）、地域の面から区分すると、次ののようになります。

【子ども】：学業の達成や向上。自己理解。友だちや教師・家族・地域関係者との関係改善。自己肯定感の向上。不安・ストレスの克服。出席の向上。自己決定能力の形成。子どもがみずからの教育機会を最大限に生かす能力の形成。

【保護者（養育者）】：我が子の教育への積極的効果的参加のあり方。子どもの社会的情緒的ニーズの理解の促進。特別なニーズを持つ子どもに役立つ学校や地域のあり方をめぐる理解。学校や地域の社会資源への効果的な活用方法。親向け教育プログラムとの橋渡し。

【学校（教職員）】：子どもの学校での諸体験を最大限有用なものにするための働きかけ。家族の社会的心理的要因や健康、文化的経済的要因の分析とその教師向け理解の喚起や提言。子どもの教育的社会的情緒的ニーズに対する適切な資源づくりへの支援。子どもの社会的情緒的ニーズを実現する上での施策やプログラムの開発。

【地域】：学校の考え方や取り組みへの理解促進。子どもの学習に弊害となる環境要因の減少。子どもやその家族のニーズにあった諸資源の開発。

2　日常の基本的業務

次に、ＳＳＷｒたちが直接的におこなっているものを箇条書きにまとめてみました。

・子ども、家庭、学校教職員との面接を通じて子どもの発達的社会的背景を把握し、学校内外での子どもの様子を観察しながら、アセスメントや課題に対処する提案・介入をおこなう。
・個人やグループ、親子カウンセリングを通して問題の解決を図り、子どもや家族が問題に対する能力を身につけるよう援助する。
・子ども、保護者、教師、その他の教職員、教育委員会の関係者に対して、たとえば社会性の発達、葛藤対立の問題解決法、児童虐待の見極めと通告方法、いじめ対策、自殺予防、若年妊産生徒による子育て、薬物やアルコール濫用の予防法、行動や怒りのコントロール法、様々なペアレントトレーニングなどの研修会や講習会を開催する（校内研修や地域で）。
・精神的、法的、地域的、家族的な問題を抱える子どもの代弁者として活動する。
・特別なニーズ教育を必要とする子どもへの援助をおこなう。
・子どもの教育的ニーズについて保護者の理解を得ること、そして学校や地域でどのようなサービスが利用できるかを紹介する。
・家族に役立つサービスを提供している地域の専門機関に橋渡しし、その機関との協力やモニタリング、調整を通じて子どもや家族が受ける支援に一貫性を持たせる。

・悲惨な事件や事故の後、子どもや家族に危機介入サービスを提供する。
・他の専門職とチームをつくり、問題を抱える子どもへの様々な提案や決定をおこなう。
・教育委員会や学校を代表して、地域の様々な会合に参加する。
・システムの中で協力して業務をおこなうための手続きや方針策定を地域の専門機関と連携しておこなう。
・政府機関、教育行政との連携、保護者や学校、連携チームへの資料提供。

こうした業務にみられる特徴を現地で幾度か同行してきた筆者の印象を交えて述べたいと思います。

まず、子どもや家族のエンパワメントがあります。そのあり方は、いかに当事者の参加を重んじるのか、いかに保護者の理解や協力を取り付けるのかという場面にあらわれています。ここには子どもに理解を示さない教師に向けていかに協力を引き出すかといったことも含まれます。子どもや家族、学校、関係機関、そしてソーシャルワーカー自身も、相談や支援活動を通じてそれぞれがいかにハッピーになれるかが追求されているように思います。

次に、地域の関係機関の垣根を下げて、当事者が社会的資源の活用をいかにやりやすくするのかという点です。また、もし地域に社会資源がない場合、あきらめるのではなく「なかったらつくる」という実行力です。人々の「要求」を社会の「必要」に高めていく。たとえば朝食を食べてこられない子どもたちへの「朝食プログラム」を学校や地域に提案し、募金活動やバザーイベントをボランティアと一緒に進めるリーダーがＳＳＷｒであるというのは珍しくありません。学校内に保育所を設置したり、夏休みの「キャンプ」、里親探しなどもあります。

また、ケースによって大切な（大きな）判断をするときには第三者の意見を聞くことです。スーパーバイザーや複数のソーシャルワーカーと協議をしながら業務にあたります（一人で裁可を下さない考え方は心理職、弁護士などに共通しています）。トロント市を四つのブロックに分けてスーパーバイザー役の主任ソーシャルワーカーが一人ずつおり、綿密な連絡が取り合われています。筆者がワーカーと一緒にいるときひっきりなしに携帯電話が入ります。緊急を要するときは二四時間体制で携帯電話が稼働しています。なお、この携帯電話は教育委員会からの貸与です。

3　スクールソーシャルワーカーに求められる知識や方法技術

カナダのＳＳＷｒたちが共通に認識しているみずからの資質形成について、その代表的な項目を以下に列記してみました。私たちが日本で人材養成をイメージする際の観点としてみるとどうでしょうか。

□子どもの学習に、家庭、学校、地域がどう影響するのかに関する知識
□文化的民族的背景が子どもの学びにどう影響するかに関する分析技術と知識

□システム理論、コミュニケーション論、行動理論を含め、子どもの発達に関する知識
□子どもの特別なニーズに応えるため、学校や教育関係者を援助する方法技術と知識
□学内や地域で子どもや家庭、学校、地域に役立つ人材や場に関する情報収集と知識
□教育関連法規や子ども家庭福祉関連法規、教育委員会の施策、行政の手続きに関する知識と能力

「文化的民族的背景が子どもの学びにどう影響するのか」という知識、という項目は特徴的です。これはワーカー個々人の姿勢や構えといった範疇ではなく、社会科学の視点にもとづく民主主義や市民的社会への洞察力と言えます。カナダのような多文化主義社会で仕事をする上で、大切な項目になります。

対人援助専門職にとって「専門的知識」というと、個別的対処への医療的心理治療的知識や技法であったり、教育、医療、福祉などの関係法律や手続き方法、ヒューマンサービスに関する施策動向とその焦点、社会調査法といった「教科書的知識」に目がいきがちです。しかし、カナダで数多くのワーカーと出会ってきて学べたことは、一緒に仕事をする他の職種の倫理や行動原理についての知識や理解の重視です。教育システムの中で有効な実践をおこなう上で、たとえば教職員間の力関係や校内委員会構成員の人間関係への理解、教師や心理職、医師などが使う言葉やその概念（文脈）についての理解です。こうした能力の獲得はつねに顔と顔を合わせての対話や討論の機会を多く持つことだといいます。ワーカー自身のコミュニケーション能力が試されます。

3　人材育成と専門職性の向上

1　認定、研修と社会的承認

地方教育行政の独自性が尊重されるカナダでは、八〇年代初頭まで、州や地方教育委員会ごとに様々な学歴や職務内容、職名の呼び名でＳＳＷｒに相当する人材が雇用されていました。学術的な資格は学部卒業から大学院博士課程修了と幅がありますが、この二〇年近く、大部分は社会福祉や教育の修士号をもつようになってきました。大学院養成段階で習得すべき専門的な知識・技術として強調されているのは、「他者と関わる対人関係能力」「個人や家族の機能」「面接やカウンセリングの臨床技法」「地域開発と地域資源の創出技術」です。こうして育ってきた人材を認定、研修、そして擁護する団体がいくつかあります。

カナダ全土におよぶカナダソーシャルワーカー協会（ＣＡＳＷ）の「倫理綱領」「実践のガイドライン」および国際ソーシャルワーク連盟（ＩＦＳＷ）の「ソーシャルワーク倫理原則の国際宣言」（一九九四年、二〇〇四年）に準拠しつつも、独自に自己評価するシステムを保持しています。個人のプライバシーや守秘義務といった権利擁護に携わる専門職としての倫理を重んじるために、オンタリオで働くすべてのＳＳＷｒはＯＣＳＷＳＳＷ（オンタリオ認定ソーシャルワーカー・ソーシャルサービスワーカー協会）に登録が義務づけられています。また、「ソーシャルワークとソーシャルワークサービス法」（一九九八年、二〇〇〇年八月改正）があります。この法律では、ＯＣＳＷＳＳＷ協会所属の義務化やソーシャルワークによる市民の不利益からの保護（苦情処理と会員の説明責任）、ソーシャルワーク業務の水準確保の管理、業務や倫理の基準の設定、専門職としての資質向上や教育のためのコーディネート、場合によっては会員の能力不足や不祥事に関する指導、懲戒、処分について規則を設けています。こうした制限や規則はＳＳＷｒの質的維持だけでなく、ワーカーみずからが不利益を被らないための保護や社会的信頼を保持するものでもあります。

2　オンタリオソーシャルワーカー協会スクールソーシャルワーク委員会の役割

しかし、ソーシャルワーカーの専門職組織だけでは教育機関や学校との連携が有効になりません。そこでＯＣＳＷＳＳＷとは別個にオンタリオソーシャルワーカー協会（ＯＡＳＷ・会員制の職能団体）があり、その中にオンタリオ州のいくつかの教育委員会を代表する一八名のＳＳＷｒによって構成された委員会があります。この委員会は、教育委員会とともにソーシャルワーカーとしての資質能力や専門性、倫理、管理構造に関する三二の基準（専門的能力と業務に関する基準、資格取得と研修に関する基準、行政システムのサポートに関する基準）を明示しています。ＯＣＳＷＳＳＷ協会とソーシャルワークの業務水準や倫理の向上や研修などの点で協力関係を持ちながらも、独自の役割として、ソーシャルワーカーの利益の促進と擁護、社会正義へのソーシャルワーカーの貢献度の向上、ソーシャルワーカーへの情報や支援の提供、専門性や社会的地位を擁護するためのリーダーシップ、ネットワークづくり、会員への福利サービスの整備などに取り組んでいます。

とくに意義があるのは、教育省や子ども青年省、その他の政府機関関係者との連携づくり、時には関係機関へのロビー活動もおこないます。その他、海外の関係団体やカナダ全土、オンタリオ州内の関係団体とのネットワークづくり、職務に関する政策やプログラム、審議中の法律などへのチェック、「オンタリオ州スクールソーシャルワークシンポジウム」の開催や会報の発行、二年に一度の活動実態調査の実施とその公表、ＳＳＷｒの雇用や雇用に関心のある機関や教育委員会からの相談応需、保護者や専門職のための資料作成、研究活動、専門機関や団体が報告書を作成する際のアドバイスやフィードバックなどをおこなっています。しかし歴代の委員長曰く、「とっても忙しい」と。

3　「業務遂行権」と実証的実践への志向

ＳＳＷｒ個々の能力や資格、職務歴にもとづいて、州や地域、学校、福祉機関が業務遂行権の認可を与えています。これは専門的業務をおこなう上で、欠かせない条件です。

公的財政のもと、各教育委員会がＳＳＷｒを雇用・配置することで、その地域での業務遂行権が

ＳＳＷｒに与えられています。ここでは相談や援助の依頼者である子どもや保護者、教師から「同意」（同意書の作成が義務）を通じて、業務遂行の認可を直接受けることも含めてです。突き詰めれば、関係調整や介入、対処をめぐる権限や権能を得るというものです。ここにＳＳＷの「専門的実践領域」としての特徴があります。ただ、教育委員会雇用という立場性によって「業務遂行権」が発生しているという単純なものではありません。当事者の子どもや家族、学校関係者、関係機関の職員、市民などとの信頼関係や社会的認知によって成り立つものです。

そのためには「実証的実践」の提示が欠かせません。誰もが感じることですが、ソーシャルワークの効果測定は難しいものです。「不登校だった子どもが何人に減った」、「ある家のネグレクトがおさまった」「親が元気になった」というような外見的評価とは異なる生活の質の変化の提示は簡単ではありません。数値目標を設定したがる人々が増え、日本でも「結果責任」への追随やステロタイプ的な「plan-do-see」、あるいは「感情的なアピール」に頼ってしまうことも少なからずあります。こういった反省はカナダでも現実です。近年、報告書の作成や行政への提案書類、提言の作成技術、子どもや親、教職員、市民向けのパンフレットやガイドブックづくりがよくテーマにあがってきます。プレゼンテーション技術の向上です。これは補助金の申請や獲得の技量と関わって、行政当局への予算獲得のための「説明責任」や「結果責任」への対応と表裏の関係があると思います。その弊害について、ＳＳＷｒたちからよく「ぐち」を聞かされました。

4　子どもの学業達成への責任

この職種が教育委員会にフルタイムで雇用されていることによって、公的な人的配置ゆえに人びとの人権擁護が可能になるだけではありません。公教育における学習権保障の実現が基本的業務となります。子どもの学習や生活上の困難に焦点をあてる対人援助職として、つねに当事者の喜びや夢の実現とともに学業達成にも責任を負うことができます。カナダでは学校づくり（ホールスクールポリシー）や学級づくりへの参画やカリキュラム、教師の教授法など子どもの「学び」に積極的に関与する立場が明示されています。間接的にでも、子どもたちの学業や将来に対して、私たちはいかなる責任と役割を負えるのか。ここに「学校ソーシャルワーク」と「学校におけるソーシャルワーク」との違いがあると思います。

《執筆者紹介》

第Ⅰ部

第１章　山野則子（大阪府立大学）

第２章　野田正人（立命館大学）

第３章１　勝西恭子　２　大塚美和子

第４章　箸尾谷知也　中野　澄

第Ⅰ部第５章から　第Ⅱ部　第Ⅲ部　第Ⅳ部まで

磯田智子　井上序子　小笠原恵美子　郭理恵　金澤ますみ

神谷直子　佐々木千里　瀧本美子　武林さおり　中塚恒子

長見元雄　西野　緑　西　友子　峯本耕治

第Ⅴ部

第１章　馬場幸子（イリノイ大学後期博士課程）

第２章　鈴木庸裕（福島大学）

《編著者紹介》
山野則子（やまの　のりこ）
関西学院大学大学院社会学研究科博士課程後期課程満期退学
家庭児童相談室・家庭相談員を経て
現　在　大阪府立大学准教授
著　書　『子どもを支える相談ネットワーク―協働する学校と福祉の挑戦』（編著，ミネルヴァ書房）
『家庭児童相談室で出会った親子』（共著，ミネルヴァ書房）
『子どもの権利と社会的子育て』（共著，信山社）

峯本耕治（みねもと　こうじ）
京都大学法学部卒業
弁護士（長野総合法律事務所　大阪弁護士会）
著　書　『子どもを虐待から守る制度と介入手法―イギリス児童虐待防止制度から見た日本の課題』（明石書店）
『児童虐待防止制度　改正の課題と方向性』（共著，尚学社）
『虐待された子どもへの治療―精神保健，医療，法的対応から支援まで』（共訳，明石書店）

●ニューウェーブ 子ども家庭福祉――
スクールソーシャルワークの可能性

2007年8月25日　初版第1刷発行
2010年2月25日　初版第3刷発行
検印廃止

定価はカバーに
表示しています

編著者　山野則子
　　　　峯本耕治
発行者　杉田啓三
印刷者　田中雅博

発行所　株式会社　ミネルヴァ書房
607-8494　京都市山科区日ノ岡堤谷町1
電話075(581)5191　振替01020-0-8076番

創栄図書印刷，藤沢製本

ISBN978-4-623-04955-4
Printed in Japan

●ニューウェーブ　子ども家庭福祉――

家庭児童相談室で出会った親子　山縣文治 監修　四六判二二〇頁　本体二〇〇〇円

子どもの権利と情報公開　古川孝順 編　四六判三二八頁　本体二五〇〇円

児童福祉の近未来　柏女霊峰 著　四六判二三二頁　本体二〇〇〇円

〔増補〕新しい子ども家庭福祉　柏女霊峰・山縣文治 編著　四六判二六八頁　本体二〇〇〇円

児童自立支援施設の可能性　小林英義・小木曽宏 編著　四六判二五六頁　本体二〇〇〇円

市町村発　子ども家庭福祉　柏女霊峰 編著　四六判二五六頁　本体二二〇〇円

うちの子　よその子　みんなの子　貝塚子育てネットワークの会 編著　山縣文治 監修　四六判二四〇頁　本体一八〇〇円

ミネルヴァ書房
http://www.minervashobo.co.jp/